全人教育视野下高职旅游应用型卓越人才胜任力及其培养路径研究

Research on the Competence and Training Path of Applied Excellent Talents in Higher Vocational Tourism from the Perspective of Holistic Education

郑菲菲 等 著

东北财经大学出版社 大连
Dongbei University of Finance & Economics Press

图书在版编目（CIP）数据

全人教育视野下高职旅游应用型卓越人才胜任力及其培养路径研究 / 郑菲菲等著. 一大连：东北财经大学出版社，2023.10
ISBN 978-7-5654-4937-6

Ⅰ.全… Ⅱ.郑… Ⅲ.高等职业教育–旅游业–人才培养–培养模式–研究–中国 Ⅳ.F590

中国国家版本馆CIP数据核字（2023）第159840号

东北财经大学出版社出版发行

　大连市黑石礁尖山街217号　邮政编码　116025

　网　　　址：http：//www.dufep.cn

　读者信箱：dufep @ dufe.edu.cn

大连永盛印业有限公司印刷

幅面尺寸：170mm×240mm　　字数：203千字　印张：14　插页：1
2023年10月第1版　　　　　　2023年10月第1次印刷
责任编辑：魏　巍　韩敌非　　责任校对：李丽娟
封面设计：原　皓　　　　　　版式设计：原　皓
定价：73.00元

江苏省教育科学"十三五"规划重点课题"全人教育视野下高职旅游卓越人才培养模式改革创新研究"（项目编号：B-a/2018/03/20）

江苏省高校哲学社会科学重点研究基地"新时代应用型旅游人才研究中心"子课题"新时代应用型旅游人才的胜任力研究"（项目编号：2020SKJD04）

江苏省高校"青蓝工程"优秀青年骨干教师项目（项目编号：QLGG2022-2）

前言

旅游人才资源是旅游业发展的核心资源。党的二十大报告中对于新时代深入实施人才强国战略提出了新的战略目标、新的实施路径、新的人才类型与要求。对国家而言，高素质人才是推动经济社会发展、科技创新和国家治理现代化的重要力量。

破解文化和旅游融合发展需求与行业人才队伍建设不平衡、不充分问题，首先要明晰新时代旅游应用型人才胜任力培养的方向，要阐释应用型人才与高职院校培养之间联结的必然性、新时代旅游应用型人才胜任力动态发展趋势以及人才培养对标胜任力的动态变化，为实现何以可能和何以可为提供充分的理论依据与实践基础。

本书正是基于以上思路，按照"为什么—是什么—怎么办"的技术路线展开。首先，从现实视域，提出新时代高职旅游应用型卓越人才培养的必要性和迫切性，阐释全人教育之于人才培养的适切性。从既有文献出发，揭示本书的核心概念、研究方法、理论视角和知识图谱。其次，分别从构建胜任力模型和评价指标体系的角度阐释旅游人才胜任力的研究工具与方法。再次，从网络数据、现场访谈的时空视域，运用爬虫技术和三级编码扎根技术考察胜任力的结构、维度与特质，形成可操作的旅游应用型卓越人才胜任力的评价指标体系。最后，立足国内外现状与经验进行系统设计，从理念突破、课程重构、教学创新、平台搭建、管理机制、未来展望等方面总结新时代高职旅游应用型卓越人才胜任力的培养路径。

本书内容丰富，资料翔实，对全面系统了解新时代旅游应用型卓越人才胜任力及其培养，推动人才兴旅和建设旅游强省具有十分重要的现实意义。此外，本书综合应用多种研究方法，将知识图谱分析、大数据文本挖掘、质性研究与扎根技术、评价体系构建应用到成果的实践与推广等方面，对国内旅游应用型卓越人才胜任力研究具有参考价值。

本书是江苏省教育科学"十三五"规划重点课题"全人教育视野下高职旅游卓越人才培养模式改革创新研究"（B-a/2018/03/20）、江苏省高校哲学社会科学重点研究基地"新时代应用型旅游人才研究中心"子课题"新时代应用型旅游人才的胜任力研究"（2020SKJD04）和江苏省高校"青蓝工程"优秀青年骨干教师项目（QLGG2022-2）的重要成果。课题主持人郑菲菲副教授负责前期调研资料收集、全书框架设计、主要内容的撰写以及统稿工作；方法林教授就全书的章节安排提出具体意见，带队现场调研，长期指导课题团队；王新宇副教授发挥技术专长，采集招聘网站数据和撰写人才规模需求与预测报告；谷静副研究员深入调研访谈，做了大量音频整理工作，将成果转化为软著，拓展实际应用；张慧婕老师多次参与问卷设计与访谈调研，开展行动研究，获得2022年全国职业院校教学能力比赛一等奖；耿海老师与企业合作研发测评系统，为延续旅游人才胜任力培养的计算机辅助应用做好研究铺垫。

成书之际，我们要特别感谢江苏省高校哲学社会科学重点研究基地"新时代应用型旅游人才的胜任力研究中心"负责人、南京旅游职业学院原党委书记周春林和南京旅游职业学院院长操阳。周书记一直关心课题的研究进展，不断鼓励；操阳院长就研究的重难点给出了中肯建议，让我们明白慢研究以体悟、深探究以成长的道理。本书得以出版离不开人文艺术学院孙斐院长，酒店管理学院苏炜院长、姜华副院长的支持与帮助，以及行业专家、企业人力资源部门提出的精准意见，在此深表谢意。还要感谢上海大学研究生马鑫宇和南京师范大学研究生王晶、李文康，他们为本书的成稿收集了丰硕的资料。

由于课题主持人和团队成员的研究能力有限，书中纰漏在所难免，敬请诸位读者和同行专家不吝指正。

作　者

2023 年 7 月

目录

1 导论

　　培养新时代旅游应用型卓越人才，是我国社会经济和文旅事业高质量发展的需要。随着社会、经济与科学技术的快速发展，旅游对美好生活高质量驱动与可持续建设，人民群众对旅游带来美好生活的需求以及带动美好生活的满意度、幸福感和获得感与日俱增。当下的旅游教育与旅游人才培养、新时代文旅行业改革和旅游供给需求尚存在一定的差距。习近平总书记在全国高校思想政治工作会议讲话中指出，教育强则国家强。高等教育发展是一个国家发展水平和发展潜力的重要标志。实现中华民族伟大复兴，教育的地位和作用不可忽视。社会对高等教育的需要比以往任何时候都更加迫切，对科学知识和卓越人才的渴求比以往任何时候都更加强烈。优先发展教育、提高教育现代化水平，对全面建设社会主义现代化国家具有决定性意义。

　　培养旅游应用型卓越人才是当前我国旅游教育所面临和亟待解决的一个深刻的时代命题。区别于传统旅游人才培养，旅游应用型卓越人才培养更加注重其岗位胜任能力、解决实际问题的能力和创新能力，经过卓越旅游培养计划培养出来的旅游应用型人才，必将是未来旅游行业的中流砥柱，是未来文旅行业发展中最核心的竞争力，这些人才将承担旅游高质量发展的各项重点任务，胜任旅游+休闲观光、旅游+数字技术、旅游+传统文化、旅游+品牌管理等技术岗位。人才输出是文旅行业产学研一体化的重要保障，是旅游创新和高水平发展的集中体现，并且能够最大限度体现出"旅游+"的扩散效应，从而不断推进我国文旅行业和旅游教育向着更高水平发展。因此，本书主要从职业教育的场域入手，基于全人教育视角，挖掘新时代背景下我国旅游应用型卓越人才胜任力内涵，对其培养路径进行深入研究，力图为我国旅游职业教育应用型卓越人才培养提供针对性的建议。

本书以适应旅游卓越人才胜任力发展新趋势以及教育培养计划要求为目标，以全人教育、系统理论、协同创新等作为教育理论基础，通过实证分析揭示新时代旅游应用型卓越人才胜任力的内涵构成、结构维度、评价指标、培养现状、国际经验，以探索适合旅游应用型卓越人才的培养路径与模式，使新时代旅游应用型人才培养模式及其影响要素、相互关系更加符合旅游市场的需要，更加符合旅游人才培养与发展的规律。本书坚持理论结合实际、理论指导实际的原则，突破固有的传统人才培养模式理念和培养方案，以模式改造或重构为方向、以系统完善设计为策略方法，尝试在现代教育理论指导之下实现观念重塑、过程再造和深刻变革，以期打开旅游人才教育研究的多种视域和思路，构建起体系完整、要素协同、机制顺畅、质量体系有效运转的新型人才培养改革路径的理论研究及系列方案，提出旅游应用型卓越人才培养所采取的建议与对策，从而为卓越旅游教育改革与创新提供有益借鉴。作为开篇之论，本章首先结合我国职业教育旅游应用型卓越人才培养，介绍旅游应用型卓越人才胜任力培养的研究背景与意义，然后介绍研究目标与思路、研究内容与方法。

1.1 研究背景与意义

《国家职业教育改革实施方案》中将职业教育列为与高等教育享有同等地位的类型教育的这一重大研判，对职业教育的育人机制提出更高质量的要求。随着高职教育的百万扩招计划以及智能时代的产业升级、结构调整与岗位变迁，新时代高素质技术工人的社会功能越来越凸显，日益成为人类社会规避智能机器替代的根本要素。习近平总书记在全国教育大会上把立德树人作为教育的根本任务，把人的德智体美劳全面发展作为教育的重要指向。不拘囿于就业教育、技能教育，新形势下中国特色职业教育聚焦人的全面发展和教育自觉，德技并修、工学结合的育人机制成为中国特色职业教育卓越人才培养的根本驱动。本节主要介绍高职旅游卓越人才胜任力的研究背景与意义。

1.1.1 研究背景

（1）人才发展的新动向

以互联网、大数据和人工智能为主的新技术和新业态引起全球知识生产发生根本的嬗变，在学习领域挑战学校制度化教育，移动互联网改变了学校教学场域。确定性知识的传递和获得性技能的训练会被自动化和智能技术所取代，以人工智能为代表的第四次科技革命将会吞噬常规的、无须深度思考的职业领域。高职教育倘若继续局限于表层知识的传递，培养出来的人将与二流的计算机无异[①]。党的二十大将立德树人作为教育的根本任务，把人的全面发展作为不同类型教育的教育目标，知识、道德、创造性、精神等方面都应得到完整的发展。在可预见的未来，深度挖掘人的创造性、道德精神和情感体验迫在眉睫，且具有重要的时代意义。

技术飞速发展和产业结构调整促使新工艺、新技术、新规范不断涌现，生产过程去分工化、操作技能复杂化等劳动力市场需求渐现端倪，劳动者的规格标准从适岗性熟练工或劳动能手慢慢升格为拥有跨学科知识、善于解决问题、具有创新思维和职业精神的工匠人才。习近平总书记在全国教育大会上提出，社会主义建设者和接班人是德智体美劳全面发展的复合型技术技能人才，是知识型、技能型、创新型劳动者大军。这意味着高复合、强素能、重创新的卓越工匠将逐步替换单向度、片面

---

① 彭正梅. 如何培养高阶能力——哈蒂"可见的学习"的视角［J］. 教育研究，2019（5）：76-85.

性的技术技能型劳动者或者适岗性的熟练工，高素质大国工匠终将成为国家对职业教育卓越人才的核心界定与发展走向。

（2）行业融合的新风向

旅游业的国民经济战略地位和社会幸福指向日益提升，对人才的胜任力质量也提出了新需求。从中国旅游产业对 GDP 和旅游业直接就业人口总数的综合贡献率看，旅游业逐渐成为国民经济的战略驱动、福民富民的幸福推动和社会发展的动力能动。《关于促进旅游业改革发展的若干意见》和《"十三五"旅游人才发展规划纲要》提出，要激发旅游业科技创新，提高行业贡献值和附加值，必须调整旅游人才数量、质量与结构，以快速适应旅游业发展。中共中央、国务院在《国家中长期人才发展规划纲要（2010—2020 年）》中提出，要"实施产学研合作培养创新人才政策""重视发挥企业作用，在实践中集聚和培养创新人才""建立政府指导下以企业为主体、市场为导向、多种形式的产学研战略联盟"。

以"旅游+"为主导的产业融合和旅游新业态的迅猛发展，对人才的行业胜任力提出了新标准。国务院颁布的《国务院关于加快发展旅游业的意见》第九条指出，大力推进旅游与文化、体育、农业、工业、林业、商业、水利、地质、海洋、环保、气象等相关产业和行业的融合发展。"十三五"期间，旅游业在原有业态上与乡村、农业建设融合，与第一、第二、第三产业融合发展；与文化产业、城市（城镇）建设相融合等；全域旅游对旅游资源、生态环境、公共服务等进行全面、全方位的优化与提升。"大旅游"概念将旅游产业延伸到全产业链，旅游产业呈现出综合性、关联性和带动性。

文化部与国家旅游局合并，文化和旅游相互整合，呼应市场发展需要诗与远方的新局面意味着旅游院校需要新一轮战略调整和专业改革。文化是内容，旅游是场景，文旅融合观念和文旅运营思维已经成为国家层面的战略思维，旅游高职院校在这样的背景下面临新的挑战和机遇。我国从观光旅游进入休闲旅游的升级阶段，文化旅游的快速发展促进新业态的创新转型。从产业的形态上看，旅游业与生态、农业、文化产业等结合越来越多，在乡村旅游、休闲度假区建设、旅游产品开发、旅游扶贫等方面亟待投入更多精力。从新兴旅游要素上看，旅游由六要素发展成为十二要素，发展出商、养、学、闲、情、奇新兴六要素，这些囊括了行业的新发展区域。譬如以会议会展、奖励旅游为主体的商务旅游，以养生、养老、养心、康体为主题的健康旅游，以修学旅游、科考培训、拓展训练、夏冬令营为表现的研学旅游，以乡村休闲、都市休闲、度假、文化展演等为主体的休闲旅游，以婚庆、婚恋、纪念日旅游、宗教朝觐等为主体的情感旅游，以探索、探险、探秘、游乐、体验为主体的探奇旅游，这些都对旅游卓越人才培养提出了更高的要求。

旅游行业的新岗位诞生和人力资源市场发生变化，对人才的岗位胜任力提出了新要求。2015年版《中华人民共和国职业分类大典》（以下简称《大典》）将旅游团队领队、旅行社计调、旅游咨询员、休闲农业服务员等4个职业作为新职业纳入，取消"厨政管理师"和"餐具清洗保管员"两个职业。《中华人民共和国工种分类目录》（以下简称《目录》）对工作内容重新做出具体描述。《大典》和《目录》对开发旅游职业人才新标准和开展人才的职业能力评价提供能力需求的方向。

新时代创造新技术，新技术推动新教育。国内旅游高等教育始于1979年，随着对外开放的深入，我国旅游教育随着旅游业的发展而逐渐兴起。根据2008—2017年我国旅游教育发展概况（如图1-1所示）可知，2008—2012年、2013—2017年我国开设旅游专业的院校总数呈稳步上升趋势；2012年首次出现招生人数负增长，许多学校实行大类分流模式招生，国家开始控制旅游类专业学生的数量。总的来说，近10年我国开设旅游专业的院校数量不断增加，其中普通高等院校占比不断增长，旅游院校在校生人数呈递减趋势。我国旅游行业蓬勃发展，而旅游教育出现萎缩，其深层次原因在于旅游专业人才的培养模式无法适应旅游行业人才需求的特点。

随着大数据、云计算和AI等技术的飞速发展，世界进入以信息化为代表的数字经济时代。2019年全球互联网报告显示，2017年年底全球约有37亿互联网用户，2018年年底达41亿；2019年有51.8%的互联网流量来自机器人，仅48.2%的互联网流量来自人类；2018年互联网零

	2008年	2009年	2010年	2011年	2012年	2013年	2014年	2015年	2016年	2017年
普高旅游院校	810	850	967	1 115	1 097	959	1 122	1 685	1 690	1 694
中职旅游院校	965	881	1 001	1 093	1 139	873	933	789	924	947
合计旅游院校	1 775	1 731	1 968	2 208	2 236	1 832	2 055	2 474	2 614	2 641
普高旅游院校人数	44	49.84	59.61	59.98	57.62	49.44	43.52	49.61	44.04	17.24
中职旅游院校人数	40.46	45.41	49.03	48.34	49.72	27.72	31.81	22.6	23.2	10.15
合计旅游院校人数	84.46	95.25	108.64	108.32	107.34	77.16	75.33	72.21	67.24	27.39

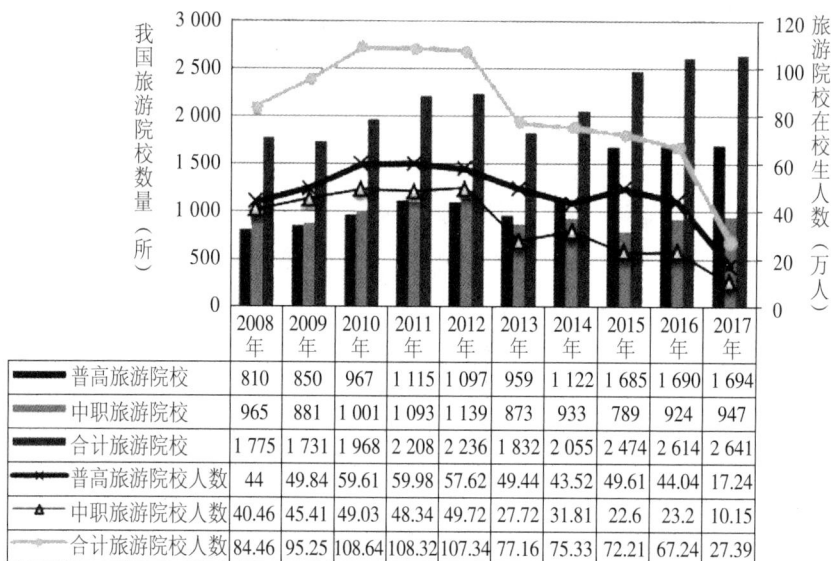

图 1-1　2008—2017 年我国旅游教育发展情况[①]

售额为 2.84 万亿美元，2019 年年底将达到 3.45 万亿美元。人们的生活方式、经济运作方式等都在发生变化。目前人工智能技术已经应用到交通、医疗、教育等多个领域。智慧旅游运用信息化技术，通过移动终端应用为旅游者提供高效的旅游服务。党的十八届三中全会提出，要全面深化人才培养模式改革，创建高水平综合性大学。2015 年 1 月，国家旅游局明确提出建立智慧旅游人才培养体系；2018 年 6 月，教育部强调加强一流本科教育，坚持"以本为本"，推进"四个回归"；2019 年 4 月，教育部等 13 个部门联合启动"六卓越一拔尖"计划 2.0，目的是提高高校人才培养能力，实现高等教育内涵式发展。在数字经济推动智慧旅游蓬勃发展的新时代，加快与重视智慧旅游人才培养刻不容缓。

（3）职业教育的新使命

为贯彻落实《国家中长期教育改革和发展规划纲要（2010—2020年）》和《国家中长期人才发展规划纲要（2010—2020 年）》，教育部在全国高校实施"卓越计划"。该计划旨在培养一大批创新能力强、适

---

① 数据来源：历年中国旅游业统计公报。

应经济社会发展的高素质人才，为建设创新型国家和人才强国战略服务。虽然该计划主要针对本科院校和工科专业，但是"卓越计划"的目标理念已经得到许多高职院校和商科专业的认同，其深刻影响已逐渐渗透到许多以"为社会经济发展培养'高素质、高技能'人才"为己任的高职院校。"卓越计划"明确专业卓越人才的素能特点，不断改进现有的人才培养方案和过程，从而提升本专业人才培养质量，促使专业建设取得办学成果。从某种意义上说，职业院校追求办学层次提升和人才培养质量提高的过程，就是将学生培养成为更高层次人才的过程。因此，高职院校同样需要研究相关专业卓越人才的问题。

从产业经济发展趋势来看，当前我国社会经济整体上将从劳动密集型发展模式向科技密集型和服务密集型转变，新的旅游产业形态不断涌现。作为国民经济的支柱产业，旅游业发展日新月异，产业层次不断提升。休闲旅游、会展旅游、特种旅游、商务旅游蓬勃兴起，与之相对应的旅游电子商务、文化创意旅游等新型模式发展迅猛。传统的旅游企业运作模式已不再适应产业发展，我们需要不断研究旅游产业的最新发展趋势，紧密联系行业企业实际，并对专业发展做出新的规划。

从企业人才需求来看，当今旅游企业竞争日趋激烈，已由以往的成本竞争转为质量竞争，人才是决定企业成败的最重要因素。在市场调查过程中，许多企业一方面表示传统的导游、门市服务人才已经趋于饱和，另一方面又抱怨急需营销、策划、电子商务、外语导游等中高级复合型人才。可以看出，当今旅游企业正面临行业人才观的转变，他们迫切需要旅游专业"卓越人才"来帮助其实现进一步发展。

从学生就业期望来看，随着国家社会经济发展、人才就业层次不断提高、就业理念不断成熟，家长和学生对于就业岗位的期望也不断上升。当前以独生子女为主的家庭对就业的企业和岗位层次怀有强烈的期待。传统的以培养基层服务人员为特征的职业教育无法得到家长和学生的认可，以高端人才为培养目标，才能得到他们的青睐。

从学校自身发展来看，当前高职院校发展遇到生源萎缩、职业院校数量剧增等问题，面临更加严峻的竞争压力。只有真正瞄准高端人才特质、切实提升人才培养质量，才能在招生、就业、校企合作等方面占据优势。因此，培养旅游专业卓越人才是高职院校自身发展的内在需要，是旅游职业教育发展到更高阶段的必然要求，也是高职院校实现服务社会、服务企业，体现自身价值的重要表现。

（4）卓越工匠的新诉求

普通教育培养的是具备文化素养的通识人才，类型教育隶属下的职业教育培养的则是应用型技术技能型人才。但是在具体的教育实践中，从人类生存的本源意义上来看职业教育的根本是育人，育的是生命体而不是被工具异化的人，育的是对生命体的精神、人格、智慧、自由等超自然生命实践的完善。生命体经过复杂多变的过程实践与主体间互动，形成人与自然、人与社会、人与他人、人与自我等和谐的关系性存在，最终生成丰富和完整的类主体，这是以社会实践为基础的自然性、社会性和主体性的统一。裴斯泰洛齐通过创办劳动学校的方式践行职业教育理想，凯兴斯泰纳将职业教育与公民教育、国民教育统一起来。马克思主张通过"综合技术教育"培养人的全面发展素质。这类生命诉求是通过自觉自由的生活实践来实现一种总体上满意的生活状态和生活秩序，是摒弃工具理性和半人教育后主体实践以及主体间互动形成的教育自觉，是系统设计和建构"以人为本"的全人培育的根本路向。

区别于传统旅游人才，新时代旅游人才具备政治素养高、复合能力强、国际化融入快、创新创意好的人才特质，具有旅游专业知识、相关产业发展知识以及不同专业领域知识、能力和思维之间的融合。掌握国内旅游专业知识，掌握海外客源市场的语言、文化、风俗习惯和消费特点，满足休闲旅游、度假旅游、体验旅游和乡村旅游以及文化产业的定制旅游服务需求，提供创新旅游产品与高品质服务。新时代旅游应用型人才的"高强快好"新特征，对人才的核心胜任力提出新希望。

1.1.2 研究意义

随着创新型国家建设发展、产业提档升级和职业教育供给侧结构性改革，技术技能人才会逐渐被高素质创新型应用人才所替代。卓越人才培养作为一项国家系统工程，迫切需要高职院校解放小学思想，革新办学体制，对培养目标、课程设置、教学模式、教学过程和评价体系重新进行制度设计。中共中央、国务院在《国家中长期人才发展规划纲要（2010—2020 年）》中提出，要实施培养卓越创新人才政策；《国务院关于加快发展现代职业教育的决定》提出，要完善职业教育人才多样化成长渠道，健全"文化素质+职业技能"，将人文素养教育贯穿培养全过程，推进人才培养模式创新。因此，对高职旅游应用型卓越人才胜任力培养展开深入、系统的研究具有十分重要的理论意义和实践意义，具体体现在以下两方面：

（1）理论意义

研究的理论价值在于：其一，挖掘旅游卓越人才培养的内涵与外延，对培养目标、课程设置、教学模式、教学过程和评价体系更新具有重要价值。探讨"半人"与"全人"的人才培养价值观，高职教育在人才培养价值观上呈现出明显的"三重三轻"现象，即重视物质文化轻视精神文化、重视科学主义轻视人文主义、重视技术教育轻视技术文化，高职教育应重新审视完整人的教育观，将人文素养教育贯穿培养全过程，融合生命教育、道德教育形成推进作用；探究丰富卓越人才的人文素养、专业技能和人格特质，不仅能够使本校学生受益，还可以使中高职衔接、本科衔接学生以及各旅游兄弟院校受惠，对破解高素能创新型旅游人才培养瓶颈，实现新业态旅游人才培养从低端走向高端，具有参照意义。

其二，通过新时代旅游人才胜任力理论与模型工具来辅助旅游行业发展和旅游院校人才培养的研究。之前胜任力模型是识别岗位培训需求的辅助工具，现已发展为人力资源开发的主要手段，并且已经运用于管理、技术、教育等各个领域，但是当前旅游人才胜任力相关研究成果主要还是集中于管理人员或者特定岗位的通用胜任力模型研究，对大旅游行业尤其是新时代应用型旅游人才研究较少，对于应用型旅游人才的新特征和新内涵的深度挖掘和归纳提炼不够。本书旨在深化胜任力在新时代背景下和旅游行业中的研究与应用，丰富旅游行业不同的旅游业态、不同岗位的人力资源管理要求，对拓展胜任力的理论深度具有一定的意义，为该领域今后继续深入开展研究奠定基础。旅游行业应用型人才胜任力模型建构后，有望用于区域旅游应用型人才的现状调查、旅游应用型人才培养的专业标准建构、旅游应用型人才的认证与培养等实际性问题，这一系列成果在研究对象和研究内容的选择上具有独特性与前瞻性，对于旅游行业来说是具有先进性的。

（2）实践意义

研究的实践价值在于：其一，提升旅游教育的质量，旅游行业是一个高度人才密集型的行业，卓越人才的培养是推动行业可持续发展的关键。研究旅游卓越人才的培养可以帮助旅游教育提升教学质量，不断提高学生的综合素质和实践能力。推动旅游行业的发展以及卓越人才的培养是促进旅游行业发展的重要保障。研究卓越人才的培养，可以为行业提供更加合适的人才储备，为行业的发展提供稳定的人力资源保障。旅游行业是一个全球性的行业，各个国家之间的竞争非常激烈。研究旅游卓越人才的培养，可以帮助培养具备国际化视野、全球胜任能力的卓越人才，提高旅游行业的国际竞争力，推进旅游行业的转型升级。旅游行业正在不断地向高品质、高附加值、高端化转型升级。研究旅游卓越人才的培养，可以为行业提供更多的革新思路和人才支持，推动旅游行业实现转型升级的目标。

其二，应用型旅游人才是"十三五"旅游人才发展纲要和旅游新职业分类后的新热点，面对新时代文旅行业转型背景下应用型旅游人才的新机遇和新挑战，以及国家对旅游行业人才的各种利好政策，旅游人才的质量其实是旅游高质量发展的关键，但目前研究新时代旅游应用型人才的成果寥寥无几。本书的研究成果可以应用于旅游院校的学历教育和社会培训，在学历教育和社会培训层面采用旅游人才胜任力模型可以全面提升旅游人才的能力素质，有效提高人才培养质量和市场贴合度，做到有的放矢。依据胜任力模型和胜任力评价指标提炼出胜任旅游专业岗位所需具备的胜任素质，围绕旅游市场需求设置相应专业的人才培养方案，动态调整课程体系、课程结构以及内容，落实职业教育的三教改革，培养高素质的应用型和复合型旅游人才。

1.2 研究目标与思路

前文明确了新时代旅游应用型卓越人才胜任力培养研究的背景和重要意义，本节主要介绍高职旅游应用型卓越人才胜任力培养的研究目标与研究思路。

1.2.1 研究目标

本书的研究目标是深入调研新时代旅游应用型卓越人才胜任力的结构、维度和特质，形成旅游应用型卓越人才胜任力模型和评价指标；以培养学生人文素养、专业知识和能力、人格特质等全人教育理念为愿景，进行理念突破、课程重构、教学创新、平台建设和机制探索，形成旅游应用型卓越人才培养新路径。

1.2.2 研究思路

本书基于职业教育场域，围绕全人教育等基本理论，建立新时代旅游应用型卓越人才胜任力模型，形成旅游应用型卓越人才胜任力培养模式与培养路径。

首先，梳理旅游应用型卓越人才培养的时代背景和以往文献，明晰应用型卓越人才培养的特征和成长规律。其次，结合新时代旅游市场人才需求与标准，对旅游卓越人才、企业雇主和培养院校等不同主体展开访谈和问卷调查，通过招聘文本分析、质性扎根分析以及专家征询等方法，确定新时代旅游应用型卓越人才培养的知识、能力和素质等胜任力维度，构建胜任力评价指标体系。再次，回顾现实中培养现状与问题，同时借鉴美国、英国、日本等国家的旅游教育实践经验，形成以全人教育理论的育人观和整合观为基础的理念重构、课程设计、教学改革、支持平台和管理机制。最后，面向现实，系统整合，以先进的教育理念引领培养路径创新，拟从新时代旅游应用型卓越人才培养的育人理念突破、课程体系重构、教学模式改革、支持平台建设、管理机制完善等方面探索高职旅游应用型卓越人才培养的新路径，从而全面提升旅游卓越人才的实操力、就业力和竞争力。

1.3 研究内容与方法

1.3.1 研究内容

第1章，导论。本章介绍研究背景与意义，梳理我国高职旅游应用型卓越人才培养的社会、行业与职业教育的发展背景和机遇挑战，揭示新时代背景下高职旅游应用型卓越人才"培养什么""如何培养"的重要意义，提出本书的研究目标与思路、研究内容及研究方法。

第2章，相关概念界定与理论基础。本章从人才胜任力的概念、理论视角和相关研究等三个层面对旅游应用型卓越人才培养进行文献回顾，辨析人才、旅游人才、胜任力等概念，梳理全人教育、场域理论、系统理论等视角，并对胜任力概念、胜任力模型、人才胜任力维度与特质以及对旅游人才发展和培养展开应用研究。

第3章，旅游应用型卓越人才胜任力模型与评价体系的形成思路。本章探讨旅游人才胜任力的研究热点与趋势，旅游人才胜任力模型建构与评价指标体系构建思路等内容。运用Citespace知识图谱对2002—2022年人才胜任力研究热点和趋势进行探究，为后续研究提供铺垫。

第4章，基于数据挖掘的旅游应用型卓越人才胜任力的需求研究。本章通过采集知名网站的大规模招聘信息并进行文本数据的清洗，对旅游应用型卓越人才的胜任力特征、结构需求进行维度划分，并结合近几年的变化趋势，提取和分析来自需求侧的胜任力高频词。

第5章，基于扎根理论的旅游应用型卓越人才胜任力的质性研究。本章通过半开放问题进行一对一深度访谈，选取旅游大类的历届中华技能大奖（1995—2022年）获奖者和全国技术能手称号获得者（2005—2022年）典型事迹材料，采用扎根理论方法对胜任力特质及其培养的访谈和事迹资料进行"开放性编码—主轴编码—选择性编码"的质性分析。

第6章，旅游应用型卓越人才胜任力指标评价体系构建与应用。本章根据相关文献以及前期定性与定量研究，根据评价指标的构建原则，初步形成新时代旅游应用型卓越人才胜任力测评指标体系，在专家咨询、层面分析法和实证调查的基础上，构建测评模型。

第7章，旅游应用型卓越人才胜任力培养的现状审视。本章对旅游应用型卓越人才培养的职教特色、实然困境、存在问题以及转变趋势进行分析，针对应用型旅游人才的培养内涵、培养单位和培养机制进行理念和模式的转变。

第8章，国际旅游应用型卓越人才胜任力培养的基本经验。本章列举以瑞士为代表的欧洲经验、以美国为代表的北美经验、以日本为代表的亚洲经验以及以澳大利亚和新西兰为代表的大洋洲经验，比较其差异与特点，在吸收与借鉴国际旅游教育"政行校企合作"经验基础上，结合我国人才培养的体制与环境，总结对我国人才培养的启示。

第9章，全人教育视野下高职旅游应用型卓越人才胜任力培养的系统设计。本章分析全人教育的育人观、整合观及其对旅游应用型卓越人才培养的启示，形成高职旅游应用型卓越人才培养系统设计的理论依据，全面提升卓越人才核心竞争力。

第10章，全人教育视野下高职旅游应用型卓越人才胜任力培养的实现路径。引入"以学生为中心"、学生全程自主学习以及徐霞客精神的旅游人文教育理念，以丰富全人教育思想在旅游领域的内涵。发挥统整理念引领、课程重构、教学创新、平台建设、机制保障的作用，形成较为可行和具有借鉴意义价值的改革思路和系列方案。

1.3.2　研究方法

本书充分发挥各研究方法的优势，结合管理学、心理学、组织行为学等学科理论视角以及政策材料，将定量研究与定性研究相结合，立足现实问题，挖掘新时代旅游应用型卓越人才的胜任特征。通过文献研究法、比较分析法、扎根理论研究法、专家咨询法、层面分析法、问卷调查法以及人才大数据，构建新时代旅游应用型人才胜任力模型和指标体系，运用胜任力模型对高职旅游应用型卓越人才现状进行问题分析和国际比较，基于新时代旅游应用型人才胜任力要求提出人才培养的合理路径。

（1）文献研究法

对新时代应用型旅游人才研究进行结构化、有层次、全方位的文献收集和整理，为胜任力模型建构、指标体系建构以及旅游企业和旅游院校的方案应用做好铺垫。

（2）比较分析法

比较国内外新时代旅游应用型人才胜任力培育的异同，比较不同业态应用型人才胜任力的特征差异以及同一业态、不同层次旅游应用型人才胜任力的特征差异，从而增强胜任力特征研究的系统性和全面性。

（3）扎根理论研究法

以原始资料为依托，从中归纳、概括、提炼概念与范畴，逐步构建出相应的旅游人才胜任力特质。该方法非常适用于访谈资料的分析，通过开放式编码、主轴编码、选择性编码、理论饱和度验证完成模型构建。

（4）专家咨询法

针对新时代旅游应用型人才素质特征的初步研究结果，面向旅游行业领军人物、旅游教育行政部门、旅游企业管理部门、旅游人才培养院校和研究机构等方面的专家进行咨询。

（5）层面分析法

依据前文构建的指标体系框架，采用层次分析法（AHP）进行相关指标权重的赋值与计算、实证与计量检验。层次分析递阶结构用目标层、准则层和指标层来表示。

（6）问卷调查法

对符合需要的众多对象进行问卷调查，回收问卷进行数据分析并解释。也可以通过提问的形式，让受访对象自由做出书面回答。使用该种方法时需确保充足有效样本量以及需要问卷语言文字通俗准确不产生歧义。

2 相关概念界定与理论基础

2.1 人才胜任力的基本概念

2.1.1 旅游应用型人才

（1）人才

当代学者和专家对于人才给出了不同的定义。叶忠海[1]将人才定义为"在一定社会条件下，具有一定知识和技能，能以其创造性劳动，对社会或社会某方面的发展，做出某种较大贡献的人"；王通讯[2]则认为，"人才就是为社会发展和人类进步进行了创造性劳动，在某一领域、某一行业或某一岗位上做出一定贡献的人"；罗汉铁[3]认为，人才是"那些具有良好的内在因素，能够在一定条件下通过不断地取得创造性劳动成果，对社会的进步和发展产生较大影响的人"。在他们的研究中，对

① 叶忠海. 普通人才学［M］. 上海：复旦大学出版社，1990：41.
② 王通讯. 宏观人才学［M］. 北京：中国社会科学出版社，2001：4.
③ 罗汉铁. 再论人才定义的实质问题［J］. 中国人才，2002（3）：23.

人才的界定存在几个共同点：一是对人才劳动的性质，都强调"创造性"；二是对人才劳动的进步性，都强调"贡献"；三是对人才劳动的社会历史性，都强调"在一定社会条件下"。从中可以看出，人才是一个相对的、发展的概念。

我国政府曾把"具有中专以上学历或初级以上专业职称"作为人才的划分标准，这一标准带有鲜明的时代特征。随着社会和经济的发展，我国政府做出了"人才资源是第一资源"的科学论断。2003 年 12 月 26 日颁布的《中共中央国务院关于进一步加强人才工作的决定》中，强调要"树立科学的人才观"，指出"人才存在于人民群众之中。只要具有一定的知识或技能，能够进行创造性劳动，为推进社会主义物质文明、政治文明、精神文明建设，在建设中国特色社会主义伟大事业中做出积极贡献，都是党和国家需要的人才"。此外还突出强调了选人用人要"四不唯"，即"不唯学历、不唯职称、不唯资历、不唯身份"，体现了"大人才"观。《国家中长期人才发展规划纲要（2010—2020 年）》将人才定义为"具有一定的专业知识或专门技能，进行创造性劳动并对社会作出贡献的人，是人力资源中能力和素质较高的劳动者"，并明确指出"人才是我国经济社会发展的第一资源"。2022 年，习近平总书记在中国共产党第二十次全国代表大会上所作的报告中再次指出，人才是"全面建设社会主义现代化国家的基础性、战略性支撑"之一，"培养造就大批德才兼备的高素质人才，是国家和民族长远发展大计"，"深入实施人才强国战略，坚持尊重劳动、尊重知识、尊重人才、尊重创造，完善人才战略布局，加快建设世界重要人才中心和创新高地，着力形成人才国际竞争的比较优势，把各方面优秀人才集聚到党和人民事业中来"①。

综上所述，可以将具有一定的文化知识、熟练的专业技能、良好的职业道德和操守，能为旅游业的发展起到一定推动作用的从业人员，称为旅游人才。②进一步看，广义的旅游人才是指在"食、住、行、游、购、娱"等旅游六要素各个岗位上从事旅游服务工作的从业人员，涵盖

---

① 习近平. 高举中国特色社会主义伟大旗帜　为全面建设社会主义现代化国家而团结奋斗——在中国共产党第二十次全国代表大会上的报告 [N]. 人民日报，2022-10-26（1）.
② 袁媛. 中国旅游人培养模式研究 [D]. 北京：中国社会科学院大学，2013：2.

行政、服务、技能、管理、销售、设计、客运、会展等各个工作种类；狭义的旅游人才是指直接为游客从事旅游服务的人员，如导游、饭店从业人员等。

（2）应用型人才

有学者认为，旅游人才结构金字塔从第一层至第四层分别是指：理论研究型人才、行业管理型人才、行业技能型人才和行业一般人员。[①]所谓应用型人才处在行业技能型人才和行业管理型人才之间，学历教育中主要对象为高职高专和应用型本科院校，他们是能熟练掌握专业知识和技能并应用于社会实践的一种专门的人才类型。就侧重点不同做进一步细分来看，应用型人才包括理论应用型和技能应用型两类，理论应用型人才是指能很好地将成熟的理论知识应用于实际的生产或者管理活动的人才，其特征是既有比较深厚的科学基础理论功底，又能灵活地将理论应用于工作中；技能应用型人才是指具有过硬的专业技术、技能，并能将其熟练应用于生产或者管理活动中的人才，其特征是具有过硬的专业岗位操作技术技能，能很好地适应专业岗位的直接操作需要。[②]

第一，应用型人才与学术型人才。应用型人才就是与精于理论研究的学术型人才和擅长实际操作的技能型人才相对应的，既有足够的理论基础和专业素养，又能够理论联系实际将知识应用于实际的人才。应用型人才主要是在一定的理论规范指导下，从事非学术研究性工作，其任务是将抽象的理论符号转换成具体操作构思或产品构型，将知识应用于实践。[③]"学术型人才的主要任务是致力于将自然科学和社会科学领域中的客观规律转化为科学原理；应用型人才的主要任务是将科学原理直接应用于社会实践领域，从而为社会创造直接的经济利益和物质财富"。[④]应用型人才的核心是"用"，本质是学以致用，"用"的基础是掌握知识与能力，"用"的对象是社会实践，"用"的目的是满足社会需

求，推动社会进步。

第二，应用型人才与技术型人才。从应用型人才和技术型人才培养的区别的角度来理解两者的差异：在人才培养的目的旨归方面，应用型人才培养的目的是解决社会应用问题，技术型人才培养的目的是解决职业发展问题；在人才培养的关注重点上，应用型人才培养的重点是应用能力，技术型人才培养的重点是职业能力；在人才培养模式的内涵上，应用型人才培养模式的内涵要求是"理论宽厚+应用能力"，技术型人才培养模式的内涵要求是"职业能力+理论够用"；在人才培养的支撑学科上，应用型人才培养的支撑学科是应用学科，技术型人才培养的支撑学科是职业学科；在人才培养的学校类型上，应用型人才的培养学校是应用型高校，技术型人才的培养学校是职业院校；在人才培养的办学层次上，应用型人才培养包括本科、硕士和博士三个层次，技术型人才培养包括中职、专科和本科三个层次；在人才培养的历史发展上，应用型人才的培养与现代大学同时产生，技术型人才的培养只有一百多年的历史；在人才培养的社会评价上，应用型人才就业能力相对较弱但可持续发展能力较强，技术型人才就业能力相对较强但可持续发展能力不足。[①]

（3）旅游应用型人才

旅游人才是指旅游人力资源中能力和素质较高的，具有一定旅游专业知识、专门技能，能够进行创造性劳动，提供高质量服务，对旅游业发展做出一定贡献的人。旅游人才可分为通识型旅游人才和旅游专业人才两个队伍。通识型旅游人才对塑造整体环境至关重要，服务于旅游业和其他产业，影响着有关旅游发展的意识形态。旅游专业人才直接参与组织旅游相关活动，是旅游产业存在和发展的必备人力资本。《中国旅游业"十二五"发展规划纲要》把旅游行政管理人才、旅游经营管理人才、旅游专业技术人才、导游人才、旅游技能型人才和乡村旅游服务人才作为旅游人才队伍体系的核心，并对各类人才的素质要求做了说明。

---

① 罗静，侯长林，蒋炎益. 应用型和技术技能型人才的区别 [J]. 高教发展与评估，2022，38（5）：13-22，119-120.

应用型人才是指能将专业知识和技能应用于所从事的专业社会实践的一种专门的人才类型，是熟练掌握社会生产或社会活动一线的基础知识和基本技能，主要从事一线生产的技术或专业人才。应用型人才分为：工程型人才、技能型人才、技术型人才。应用型旅游人才包括旅游产业规划人才、旅游产业管理人才以及旅游服务的直接提供者。这部分人在拥有旅游发展思想之余还必须具备旅游业相关专业技能。

综上所述，旅游应用型人才的基本含义就是指根据市场需求，能够把已有的规律、知识、技术转化成可以实践或接近实践，主要承担转化应用、实际生产旅游产品、提供旅游服务任务的操作性、实践性较强的人才。[1]而旅游应用型卓越人才是指具有创新意识和创新思维的高级人才，是需要具有更宽阔、更专业的旅游知识结构和更强的自主学习能力，具有应用旅游知识进行技术上、服务上创新和二次开发能力，并能够把新的旅游技术和服务引入旅游业界，为旅游经济效益的人才。[2]

2.1.2　胜任力

胜任力是指能区分工作者优秀与否的个人特质，这种特质至少包含知识储备、技能水平等显性特质，也包含动机、情感、态度、价值观等隐性特质，这种特质可以通过有效手段来进行测量并加以提高。比如在导游的职务分析中除了要包括《中华人民共和国职业分类大典》中描述的工作内容，还包括服务精神、职业道德、创新能力等能够区分优秀导游人才和一般导游从业者的关键素质要求。

不同学者基于不同学科、不同研究范式和视角，对胜任力定义做出不同的解读。

从心理学的观点来看，对能力、胜任力和专长等相近概念的关系有比较一致的看法：能力一般被理解为一个人用来学习支撑认知和表现的知识的潜力；胜任力为一个人已经获得的支持认知表现的专门化知识及相关成分；专长则是非常高水平的胜任力（Mayer，2003）。心理学关于

---

① 刘亚玲，刘秀丽. 高校旅游管理专业应用型创新人才培养的内涵探究［J］. 科教导刊（上旬刊），2012（21）：148-149.
② 张丹宇. 高校旅游管理专业应用型创新人才培养模式［J］. 学术探索，2015（2）：73-77.

胜任力概念的界定大体存在两种观点，即特质说和行为说。特质说以胜任力概念的提出者麦克利兰为代表，他把胜任力界定为：胜任力是能区分在特定工作职位或组织环境中绩效水平的个人特质；[①]行为说的代表人物是理查德·博雅特兹，他认为胜任力是通过对行为的引导而最终影响绩效的，因此胜任力应是一系列与职能相关的行为。[②]

从教育学的观点来看，胜任力应该分为基本能力和专业胜任力，从而对"实际工作与生活上都需要的能力"和"完成特定工作或特定角色所需的胜任力"做出区分（林秉贤，2016）。一般认为，专业胜任力包含了知识（knowledge，知道什么）、技能（know-how，知道怎样做）和专业态度（attitude，工作中的精神智力导向，即动机和价值观）三个要素（陈丽辛，2009）。

从管理学的观点来看，对胜任力的讨论多与绩效密不可分。相关研究表明，胜任力——被界定为知识、态度和经验的理想组合——能促进工作绩效的提升，为组织创造价值（Garavan、McGuire，2001）。有学者试图对胜任力做出定义：胜任特定职业的个体综合能力特征集合体，是动态的、可测量的，包含知识、技能、社会角色、自我认知、特质、动机等。[③]实际上，胜任力的概念并不仅仅包含个体的知识、技能、能力和特质，还包含着外部工作标准的工作任务、岗位、职务等要求胜任的含义。

李虹认为在胜任力概念的界定中应注意三个关键词：第一个关键词是胜任。胜任的表现就是具有区分绩效水平也即绩优者和绩效一般者的能力。在实证研究中，绩优者和一般者在胜任力的各个维度上的成绩应存在显著差异。第二个关键词是特定。胜任与否的评价标准与特定目标达成紧密联系。胜任力必须有助于目标的达成，胜任行为必须是顺应特定任务或活动的规律的，并显示出优质的绩效。第三个关键词是特质。特质应既包含智力因素，又包含非智力因素。非智力因素特别是情绪对于任务成败有重大影响已成为共识。[④]

① 徐东华. 战略性人力资源管理 ［M］. 北京：中国人民大学出版社，2010：166.
② 方振邦，彭剑锋. 战略人力资源管理理论、实践与前沿 ［M］. 北京：中国人民大学出版社，2014：209.
③ 吴敏. 供需耦合下师范生教师胜任力研究 ［D］. 乌鲁木齐：新疆师范大学，2022.
④ 李虹. 知识管理视域下高校教师胜任力研究 ［D］. 长春：东北师范大学，2022.

胜任力具有以下特征：一是胜任力包含一些个人的特征，如知识、特质、动机、自我概念、价值观等；二是胜任力是一种可以测量的综合物；三是胜任力是与绩效相关联的；四是胜任力指标可以区分出绩效优异者和绩效平平者；五是胜任力是可以经由学习培训逐渐发展的；六是胜任力是动态的。

需要说明的是，若要探讨特定群体所特有的、典型胜任力，情境是必须要纳入其中的主要元素。美国学者 LaDuca 提出应将胜任力视为从业者在其职业情境范围内获得的对一系列特定社会境况的总的适应性（LaDuca，1980）。Klink 等人则指出不同国家教育政策差异可能会导致的胜任力界定差异（Klink、Boon，2002）。比如，美国和欧洲对胜任力应用的典型做法在用途、范围和程序上有所不同。这些差异将对胜任力的理解引向"产出取向"或"投入取向"。"产出取向"认为优秀表现者的行为是胜任力发展的源泉，用来作为个人和组织胜任力发展的参照样板；"投入取向"将胜任力看作教学或培训输入后得以达成的标准，往往与官方认证或职业资格联系在一起。例如，第一个尝试对各职业的胜任力进行界定的组织——英国职业资格认证委员会（NCVQ）——对各个职业的胜任力进行了系统的整理，以作为教学、培训参考指南或职业的准入标准。

总之，经过不同学科学者的努力，胜任力概念已经从一个现代心理学的技术术语转变为一个综合性的学术概念。胜任力的内涵与外延随着人们研究的深入也有一个逐步嬗变的过程（薛琴、林竹，2007）。胜任力研究逐渐从识别高绩效者的具体特征和能力表现，拓展到对胜任力应用、功能和理解差异的探讨；从讨论胜任力概念内容拓展到探索建构胜任力概念的不同视角、维度与层次。胜任力从只是个简单的个体在其工作岗位中的工作表现状况，延伸到知识与情境的动态结合过程，通过对情境的理解或适应来协调知识和行动从而达成工作目标的状态。这就要求实践者不仅要具备开展相应活动的知识，还需具备与情境互动的实践意识。①

---

① 罗汉铁. 再论人才定义的实质问题［J］. 中国人才，2002（3）：23.

2.2 人才胜任力的理论基础

教育学，也是人学，要以人为核心。学校教育的核心理念是追寻教育真谛，造就完全人格，完全人格即全面发展。这绝对不是一句空话，而是应当落实在日常教育教学的实践中。这是学校应当坚持的教育使命。

2.2.1 全人教育

（1）全人教育的内涵研究

刘晓燕[①]通过分析总结众多专家学者对全人教育内涵的研究，认为全人教育中的"全人"是指完整的人、全面的人，全人教育是指充分发展个人的潜能以培养完整个体、整全个体的教育理念与模式。其涵盖人格、智能、情智、体能等诸多内容，它的根本任务是培养能独立生存的个体，造就身心俱健的一代新人。换句话说，"全人"指的是完整的人，包括人的身体、智慧、品德、情绪等方面的发展。全人教育的核心思想在于教育培养目标的转变：全人教育对传统教育只重视知识传授和技能习得的培养目标提出批评，倡导教育培养完整的人，使人在身体、知识、技能、道德、智力、精神、灵魂、创造性等方面都得到发展。[②]

有学者进一步指出，全人教育有三层含义：一是人之为人的教育，以"以人为本"为核心的教育；二是传授知识的教育，以培养学生学识素养的教育；三是发展和谐心智，以形成健全人格的教育。全人教育追求四种平衡：一是专业与通识之平衡，即教育应实现专业学科之间的互动、影响和渗透；二是学识修养与人格之平衡，即教育过程不仅是知识的传递和技能的训练，应更多地关注人的内在精神与人格的和谐发展；三是个人与群体之平衡，即教育要寻求人与人之间的理解，要加深合作精神的体验，加强社会意识；四是身、心、灵之平衡，即教育过程应强调三者之间的有机统一，教育要注重人文精神的培养。[③]

全人教育与通识教育。通识教育最早是在美国提出并付诸实施的，

① 刘晓燕. 大学全人教育的理念及实践 [D]. 南京：南京信息工程大学，2014：12.
② 袁媛. 中国旅游人培养模式研究 [D]. 北京：中国社会科学院研究生院，2013.
③ 游学民. 全人教育思想及其当代价值探析 [J]. 价值工程，2011（14）：244.

其思想根源可以追溯到亚里士多德提出的自由教育。通识教育的目的是培养学生独立思考且对不同的学科有所认识，以至能将不同的知识融会贯通，最终目的是培养出完全、完整的人。通识教育是传授人类生活各个领域知识和技能的教育，是非专业性的、非职业性的、非功利性的教育，是造就具备远大眼光、通融见识、博雅精神和优美情感的高层人才的文明教育和完备的人性教育。从已有的研究文献看，人们对通识教育的理解大致有三种：一是从性质上来说，认为通识教育是大学生应接受的非专业教育；二是从目的性上来看，认为通识教育是旨在培养积极参与社会活动、有社会责任感、全面发展的人的教育；三是从内容上理解，认为通识教育是一种有关非专业的、非功利性的、广泛的基本知识和技能的教育。简而言之，通识教育就是要让学生有全面系统的知识结构，通晓各类知识的一种教育理念。①全人教育和通识教育是目的和手段的关系，全人教育是通识教育的目的，通识教育是实现全人教育的有效途径。没有全人教育思想的指导，通识教育可能沦为知识的堆砌；没有通识教育的支撑，全人教育的实现可能成为一种空想或者一种空谈。

全人教育与专业教育。专业教育也称"专门教育"，一般在普通教育的基础上进行，是针对某一专门领域培养各级各类专业人才的教育。我国实施专业教育的机构有普通高等学校、高等职业学校、中等专业学校、技工学校以及进修班、培训班等。专业教育的要求是执业人员具有从业必备的专业学习背景，授予学校及所学专业的办学条件、课程设计、教学过程、教育质量等都要达到一定的标准。只有这样才能培养出所谓接受过专业教育的专门人才。总而言之，专业教育是一种以培养适应某一专业领域所需要的专门人才的教育，为人们踏入社会工作提供一种就业准则。从一定意义上说，全人教育与专业教育本质的区别就在于"全"与"专"的区别。

（2）全人教育的理念原则

在《全人教育评论》的第一期上，菲利普·甘（Philip S. Gang）提出了全人教育的基本原则：给年轻人一个宇宙的观念，在此所有的有生

---

① 龙妍. 后现代知识观视野下我国大学通识教育的价值及内涵研究［D］. 南京：南京师范大学，2011：9.

命的和无生命的存在都是相互联系和联结的。教育是要帮助学生综合学习和发现所有学科之间的相互联系；通过强调全球的视野和共同的人类利益，让学生为新时代做好准备；使年轻人能够发扬和谐的精神，通过它来构建世界和平。[①]

芝加哥会议之后，全人教育家组建了全球教育改革联盟（the Global Alliance for Transforming Education，GATE），次年在科罗拉多召开了第二届全人教育国际会议，会议发表了一个表明全人教育基本立场的报告，即《2000年的教育：一个全人视角》（Education 2000：A Holistic Perspective），该报告把菲利普·甘提出的三条原则扩充为十条，具体如下：

①教育最主要最根本的目的是培育人类发展的内在潜能。②每个学习者都是独特且有价值的，每个个体都内在地具有创造性，有独特的身体、情绪、智力、精神需求和能力，拥有无限的学习能力。③教育是经验的产物，学习是一种积极的、多种感官参与的个体与世界互动的过程。④重视教育过程的完整性。完整性意味着每个学科应就丰富的、复杂的、整合的生活现象提供一个不同的视角。为达到这个目的，教育机构必须转型，政策应有相应的改变。⑤教育者应当是学习的支持者，学习应当是有机的、自然的过程，而不是教师根据社会的要求生产某种产品。⑥在学习的所有阶段，都必须提供选择的机会。⑦建立真正的民主教育模式，使所有公民能够以有意义的方式参与到社区和全球的生活中。⑧无论是否意识到，每个人都是全球公民，教育应培育一种对人类经验伟大差异性的欣赏。⑨教育必须从它与生活的一切形式的深刻关联中有机地生发出来，必须重新点燃人类与自然界间的关系，人类与自然界是相互共存的伙伴，人类不应当把自然视为可开发的资源。⑩人最重要、最有价值的，是其内在的、主观的生命——自我或者说灵魂。教育必须滋养人的精神性（spiritual）生活，使其健康成长，而不能用无休止的评价和竞争伤害它。[②]

---

① Ron Miller. What Are Schools For? Holistic Education in American Culture [M]. Brandon, VT: Holistic Education Press, 1997: 204.
② Ron Miller. What Are Schools For? Holistic Education in American Culture [M]. Brandon, VT: Holistic Education Press, 1997: 206-207.

（3）全人教育的基本观点

第一，关注个人能力与潜力的全面发展。全人教育思想的核心就是"全人"的培养。全人是指具有整合人格、得到全面发展的人，全人教育就是能够促进人在多方位全面发展的教育。隆·米勒曾指出，从全人的本质来看，精神性更重于物质性，教育应着重于人的内在教育，比如情感、同情心、好奇心、创造力、想象力等，尤其要侧重于人的自我实现。全人教育重在强调教育过程不仅仅是知识的授予与技能的习得，更要关注人的内在精神感受和人格的全面培养，从而达到人的精神性与物质性的高度统一。

第二，寻求个体间的理解与生命的意义。在全人教育实施过程中，要加深学生在受教育过程中合作精神的体验，培养人与人之间相互理解、相互关心、相互宽容的素养。传统的教育非常注重竞争，总是通过考试和比赛的形式来衡量学生，而忽视了学生非智力因素的培养，使得他们多唯"利益、威望"至上。全人教育鼓励人的自我实现，同时也强调真诚的人际交往和跨文化的人类理解。全人教育将人类生活中的人际交往进一步深化为人类跨文化的理解与信任，从而加强了学生的全球意识。

第三，强调学生人文精神的培养与融合。自从人类社会进入工业革命时代以来，传统教育中的人文教育日渐削弱，科技主义成为现代大学的主导文化。大学教育过于注重实用知识，忽视文学、人文课程的学习，导致大学生人文关怀的缺失。全人教育者们并不否认知识爆炸时代科学知识的重要作用，但主张在教育中更多地渗透人文精神。隆·米勒曾说过："全人教育是用人文教育的方法来达到全人发展的目标。"如果教学课程中没有人文精神的渗透，没有人的基本品格的培养，那么这种教育也注定不能达到全人教育的根本目的。

第四，鼓励跨学科的互动与知识的整合。知识教育一直是传统教育的核心，在课程体系中知识教育处于核心的地位。但是，学校教育如果完全以学科和就业为导向，培养学生单一、片面的学科知识，就会忽视各种知识与各门学科之间的"关系"建构，忽略我们的世界是一个瞬息万变的有机系统。全人教育强调只有通过学科之间的互动、交叉和渗透，超越学科之间的各种限制，才能拓展新知识的学习，扩宽研究问题的视野，真正将世界还原为一个整体，才能把人培养成一个"完整的人"。通识教育的跨学科整合学习就成为实施全人教育的重要途径。

第五，寻求人的精神性和物质性的平衡。全人教育理论者提出以塑造未来为导向，以"育人"为本分，以开发人的理智、情感、身心、美感、创造力和精神潜能为目的的教育理念。人之所以为人正在于人是具有复杂精神世界的个体。这种精神要素对于人的生活、社会的稳定、人类安居乐业等物质环境有着强大的影响力。在社会物质发展日新月异的时代中，教育的根本目的被逐渐扭曲。全人教育理论者主张在人的培养过程中，既要关注物质世界，又要注重学习过程的愉悦、人际交往的和谐，自我良好品格的养成。

第六，培养具有整合思维的地球公民。全人教育的最大特色就在于"全"，这不仅仅意味着培养人的全面发展，更蕴涵着一种广阔而博大的世界观。全人教育者所关注的不仅是某个人、某个学校、某个国家的发展，而是从更宽广的角度将整个世界联系在一起。全人教育所主张的学习观是一种整合的学习。整合学习的核心理念是联系，认识、了解世界万物之间的广泛联系是整合学习的目的。全人教育培养的学生应是具备全球视野的地球公民，他们关心环境、关心和平、关心全人类。①

总而言之，全人教育对于技术世界观及在此基础之上的工业化时代教育的批判，对教育中的"整体""联系"观念的强调，以及在此基础之上建构起来的课程论和教学论，对于我们都有较强的启发意义。

2.2.2　场域理论

场域理论是社会学家布尔迪厄提出的，主要包括场域、资本和惯习三大概念要素。②其中，布尔迪厄指出："场域才是首要性的，必须作为研究操作的焦点。"

（1）场域及其预设

何谓场域，布尔迪厄给出过简要的定义：从分析的意义上来说，

---

① 刘晓燕. 大学全人教育的理念及实践［D］. 南京：南京信息工程大学，2014.
② 本部分内容重点参考：布尔迪厄. 科学的社会用途——与给科学场的临床社会学［M］. 刘成富，张艳，译.南京：南京大学出版社，2005.

场域可以定义为位置之间的客观关系的网络或构型。就这些位置的存在及其强加于它们的占据者（无论是行动者还是机构）的种种限制而言，这些位置在客观上是由它们在不同类型的权力（或资本）的分配结构中实际或潜在的处境以及它们与其他位置的客观关系（支配、服从、类似等等）所决定的，拥有权力或资本意味着可以获取场域中利害攸关的特定利润。作为一个统领性的概念，场域的重要意义至少有三个：第一，这一概念贯彻布尔迪厄的关系主义取向。"根据场域来思考，就是从关系的角度来思考"。第二，场域概念强调社会生活的冲突性。在布尔迪厄的心目中，场域就是争夺对珍贵资源的控制权的竞技场。第三，场域中的位置，依其资本的类型和总量，存在着支配与服从之分。

（2）资本及其类型

对于资本概念不能孤立来看，必须将之与场域概念联系起来。布尔迪厄认为，"归根结底，特定资本的价值，取决于一种游戏的存在，即这种权限能够发挥作用的场域存在：一种特定的资本总是在给定的场域中有效，既是斗争的武器，又是斗争的利害所在"。资本之所以为资本，是因为其具有产生利润和复制自身的潜在能力。行动者排他性地拥有资本，就可以占有体现为物化的或活的劳动形式的社会能量。布尔迪厄认为资本表现为三种基本形式，即经济资本、文化资本和社会资本。[①] 经济资本可以直接转化为货币，也可以制度化为产权形式。这是一般经济学谈论得非常多的资本类型。

在布尔迪厄看来，文化资本可以三种状态存在，即身体化的状态（the embodied state），表现为心智和肉体的相对稳定的性情倾向，比如言辞的流利、审美趣味以及通常所谓的教养，这种文化资本的获得往往是在耳濡目染中完成的；客体化的状态（the objectified state），表现为文化商品，诸如图书、工具、机器之类，它们是理论的印迹或实现，可以通过物质媒介来传递；制度化的状态（the institutionalized state），表现为社会对资格的认可，特别是教育文凭系统所提供的学术资格。文化资本

---

① 除了上述三种基本形式的资本外，布尔迪厄还提到符号资本。受本书分析维度限制，此处从略。

在其最一般的形态的时候，也被称为信息资本（informational capital）。

社会资本是一个持久的网络所带来的实际的或潜在的资源总和，这一网络由或多或少制度化的相互熟识关系构成。布尔迪厄偏重于在群体的成员资格的背景下讨论社会资本，或者说，社会资本的实质，在布尔迪厄看来，就是群体以集体拥有的资本为其成员所提供的支持。"一个特定的行动者所拥有的社会资本总量，取决于其所能有效动员的关系网络的规模，也取决于与他有联系的那些人自己所拥有的（经济、文化或符号）资本的总量"。布尔迪厄特别强调，一个关系网络的存在并非自然给定的，甚至也不是社会给定的，比如通过谱系界定的亲属关系，而是不断经营的结果，是投资策略的产物。

（3）惯习及其解释

惯习是个难以操作和无法给予清晰界定的概念。① 在《实践理论大纲》的一个注脚中，布尔迪厄写道："性情倾向一词，非常适于表达惯习概念（定义为性情倾向的系统）所涵盖的内容。首先，它表示出了一种组织化行动的结果，带有近似结构之类的意思；它还指明了一种存在方式，一种习惯性状态（尤其是身体上的），特别是一种倾向、脾性、资质或嗜好。"布尔迪厄非常强调惯习作为一种"外在性的内在化"，具体地说，惯习是在场域里的社会位置上形成的，是对客观位置的主观调适。在布尔迪厄的心目中，惯习至少有两层意思，即结构化了的结构（structured structures）和促结构化的结构（structuring structures）。所谓结构化了的结构，是指惯习源于早期的社会化经历，是结构的产物，为行动设置了结构性的限制；所谓促结构化的结构，是指惯习作为一种结构化的机制，是实践的产生者，为实践的生成提供原则。

（4）概念逻辑与理论策略

场域、惯习与资本具有相依共存的密切关系。场域制约与形塑着惯习，为新惯习的形成提供孵化条件。惯习又建构着场域，为新场域

---

① 布尔迪厄曾用过"文化无意识""习惯塑造力量""基本的深层内在的主导模式的集合""心理习惯""感知、评价和行动的心理与肉体图式""有条理的即兴创作的生成原则""身体化的历史"之类的说法来阐明惯习的含义，但他似乎还是钟情于以"性情倾向"来说明惯习。

的形成提供延展性力量。在一定场域下，资本的有效获取助推着落后惯习的破除和新惯习的形成，而新惯习的形成又有助于积极资本的增值。此外，场域的不断更新发展也会促使新资本的出现和有利资本的形成，反之亦然。概言之，场域、惯习、资本三大要素相互作用、相互渗透。

如何分析场域，布尔迪厄认为至少有三个步骤是不可或缺的：

首先，必须分析所研究的场域相对于权力场域的位置。尽管每个场域都或多或少具有一定的自主性，但从关系主义的立场出发，完全自主和孤立的场域是不存在的。比如尽管艺术家可以标榜"为艺术而艺术"，但包括艺术家在内的知识分子，显然是属于"支配阶级中的被支配集团"，这一基本定位为我们理解艺术场域提供了参照框架。

其次，必须勾画出场域中各个位置之间关系的客观结构，因为场域中不同位置的占据者，为了控制场域中特有的正当形式的权威，相互竞争和较量。由此而发生的关系，制约着不同位置的行动者的策略选择。

最后，必须分析行动者的惯习。惯习是将一定类型的社会经济条件予以内化的结果，但考虑到场域中所提供的有限的实现机会，惯习在场域中往往是沿着相对确定的轨迹发挥。对于惯习的关注，也使场域更加具有动态性，为场域的转变提供了动力。

2.2.3 系统理论

"系统"一词源于古希腊语，是由部分构成整体的意思。[1] 关于系统，最经典的定义是系统理论之父冯·贝塔朗菲给出的："处于一定相互关系中，并与环境发生关系的各组成部分（要素）的总体。"[2] 该定义强调了系统的基本特征就是内部和外部各种复杂、紧密的联系。系统中各种联系或关系和关系的层次、排列顺序等特征是系统的结构，系统的内部和外部关系按照一定规律排列组合，所表现出来的特性和能力是系统的功能。

[1] 李建新. 谈唯物辩证法与系统论的关系 [J]. 神州（下旬刊），2013（8）：1.
[2] 贝塔朗菲. 一般系统论：基础、发展和应用 [M]. 林康义，等译. 北京：清华大学出版社，1972.

系统论的核心思想是系统的整体观念。贝塔朗菲强调，任何研究对象都可以看作一个有机的整体，具备系统的特征。这个整体不是各个部分简单地排列组合或者相加，而是按照一定的顺序和层次组合而成，各部分之间既有区别也有联系。这种各部分之间各自独立又相互影响的状态，使整体能够发挥出强大的、超出各部分简单加总的功能，能够表现出各要素在孤立状态下所没有的性质。他还认为系统中各要素之间存在着异质性，各自或多或少有着差异，也各自发挥着自身的作用。但这些部分或要素并不是孤立地存在，每个要素不是胡乱地、随机地分布在系统的各个位置，而是按照一定的层次、一定的结构被置于特定的位置上的，发挥着特定的作用。通过这种结构，相互独立的要素结成了一个不可分割的整体。并且，每一个要素都是独一无二的，且依托于整体而存在。一旦将要素从系统整体中剥离出去，要素就会失去作用，成为没有意义的事物。"正像是人手在人体中是劳动的器官，一旦将手从人身体上砍下来，那时它将不再是劳动的器官了一样。"①

系统同时强调开放性。所谓开放性，即系统要同外部环境进行能量和物质的交换，使得系统内部能够不断自我调整和完善，进而保持一种动态平衡的状态。然而，正如系统的整体性所指出的，任何事物都可以看作系统。因此，系统与要素的关系并不是固定不变的，要素可能成为系统。所以，从这个意义上说，这种开放性还体现在要素与系统之间、要素与要素之间。开放的系统是不论自然界、人类社会系统都具有普遍的开放性。系统的开放性能够帮助人们把握系统的特征，抓住系统运行和管理的规律，推动系统发展；帮助人们认识环境和改造环境，明确系统与环境之间的相互联系、相互作用，发挥环境对于系统的积极促进作用，避免环境的消极阻碍作用。

系统各要素的安排呈现层次性。系统的层次性原理指的是，组成系统的诸要素的种种差异包括结合方式上的差异，使得系统组织在地位与作用、结构与功能上表现出等级秩序性。②多层系统好比俄罗斯套娃，外层的玩偶好比系统，内层的玩偶好比要素，内层与外层是相

① 王文. 我国商业银行内部控制系统的构建和完善［D］. 南京：南京航空航天大学，2005：14.
② 魏宏森. 曾国屏试论系统的层次性原理［J］. 系统辩证学学报，1995（1）：42.

对的，内层玩偶嵌于外层玩偶之中，从属于外层；而相对外层的玩偶，则又嵌套于更大的更加外层的玩偶。也就是说，每一个低层次的系统都从属于一个范围更大的系统，成为其中的要素，也是子系统。系统的不同层次之间是相互区分又相互联系的，高层次是由低层次组成的，高层次对低层次起到制约作用，低层次对高层次起到能动的反作用。低层次系统作为高层次系统的要素，其属性、特征、排列及作用，对于高层次系统结构、功能起到重要的影响；高层次系统的目标、要求，则指导低层次系统的完善和发展。因此，准确把握系统的各层次之间的相互联系和相互作用，对于推进系统的发展是十分重要的。

系统具备协同性。关于系统的协同性的表述中，最为重要的是由德国功勋科学家 Haken 提出的协同论，这是一种可以广泛应用的现代横断科学理论。①协同论的核心理论的主要内容是：任何系统都是由要素和子系统构成；系统与要素子系统处于控制与被控制的地位，在系统面临质变的时候处于被支配地位的要素越来越少，使得系统的质变能够顺利进行；运用数学方法寻求系统的变量与要素的关系，以方程式的形式表示出来，并利用其预测整个系统的趋势。目前，协同论在自然科学领域、社会科学领域、工程技术领域都有广泛应用。在管理领域，协同理论注重深入研究开放系统如何通过内部协同作用，自发地形成有序结构，从而探讨各种系统和现象中各部分要素如何能够从无序到有序转变，发掘其中的共同规律。

2.3 人才胜任力的相关研究

2.3.1 胜任力概念相关研究

胜任力的理论研究主要依托人力资源管理、组织行为学、当代心理学的学科理论基础。1973 年，美国哈佛大学教授戴维·麦克利兰首次

---

① 方致，曾德明. 中国研究型大学在国家创新体系中的作用 [J]. 湖南农业大学学报（社会科学版），2005（1）：77-78.

提出"胜任力"的概念，认为它可以将工作岗位的卓越成就者和普通者区分开来。所谓胜任力，是指在特定工作岗位、组织环境或文化氛围中优秀者所具备的可以客观衡量的个体特征及由此产生的可预测的、指向绩效的行为特征。胜任力概念涉及一系列包括动机、特质、自我形象、态度或价值观、某领域知识、认知或行为技能等能够区分优秀与一般的个体特征。

国外关于胜任力的研究历史较为悠久。首先，从胜任力的表现形式来看有特质说，较为经典的是冰山模型和洋葱模型。冰山模型是将个人素质按照表现形式的不同，分为容易了解与测量的个人知识和技能等外在表现特征以及隐藏在冰山水面下难以测量的价值观、自我概念、特质与动机等内在特征。洋葱模型在冰山模型的六个胜任力因素基础上，由内到外把这些因素进行再分类。最内层的胜任力特征为个人特质和动机；中间层的胜任力特征为个人角色定位和自我认知；最外层的胜任力特征为个人知识和技能。因此，胜任力是指能区分工作者优秀与否的个人特质，这种特质至少包含知识储备、技能水平等显性特质，也包含动机、情感、态度、价值观等隐性特质，这种特质可以通过有效手段来进行测量并加以改进。其次，从胜任力的工作过程和工作绩效结果来看，有行为说。早期研究的代表人物主要是"科学管理之父"泰勒（Taylor）、心理学家麦克利兰（McClelland）、博雅兹（Boyatzis）、斯潘塞夫妇（Spencer）等人。较有代表性的定义是指与工作绩效或生活中其他重要成果直接相似或相联系的知识、技能、能力、特质或动机（McClelland, 1973）。斯潘塞夫妇认为胜任力是个体的内在特征，这一内在特征同工作和情境中准则相关绩效之间存在某种程度的因果关系。也就是说，评价一位员工是否优秀，一种方式是对工作结果进行衡量，属于绩效管理的范畴，即关键绩效指标（KPI），还有一种对工作过程进行衡量的方式，即关键能力指标（KCI），比如在导游的职务分析中除了要包括《中华人民共和国职业分类大典（2015年版）》中描述的工作内容，还应包括服务精神、职业道德、创新能力等能够区分优秀人才和一般从业者的关键素质要求。

国内关于胜任力的概念界定以胜任力为研究主题公开发表的研究成

果，最早见于1999年王继承撰写的《管理干部胜任特征评价方法的初步研究》。当前学术界对胜任力的理解存在三种观点，即特征观、行为观和综合观。①特征观支持者，如王重鸣（2002）指出，胜任力是创造高绩效的知识、技能、能力以及价值观、个性、动机等特征；②行为观支持者，如仲理峰、时勘等（2003）把胜任力看作人们履行工作职责时的行为表现，认为胜任力是与优异绩效有因果关系的行为维度（dimensions of behavior）或行为特征（behavioral characteristics）；③综合观或折中观支持者，他们认为胜任力应该是前两种观点的结合，特征观和行为观是相互补充的。

以旅游应用型人才为例，其胜任力具体内容包括：①知识，指个体在某一特定领域要掌握的信息，如导游对旅游目的地风俗人情的了解，对游客心理知识的掌握等。②技能，指个体能够掌握和运用某些能力，如导游的语言讲解能力、危机事件处理能力等。③自我概念，指一个人对自己存在的体验。比如，一个人可以通过自我反省、经验或者他人反馈来加深对自己的了解，如导游对自己职业形象的要求，关注游客对自己态度的反馈等。④个人特质，指一个人相对稳定的思想或情绪方式，或者说是某个人的一贯风格。如做事非常认真、细心，富有责任感等。⑤动机，指推动个体进行活动的内部动因或动力，简单地说就是个体从事某种活动的念头。如导游这份职业是自己真心喜欢的，无微不至地照顾别人是希望得到他人的认可等等。①

胜任力理论最开始应用于人力资源管理方面，主要表现为驱动员工提高工作业绩，对员工知识技能进行培训，增加员工的价值。对员工胜任力的判定主要是从他们在日常的工作和生活中的综合表现展开的。胜任力理论所表达的基本含义其实就是指对各个行业领域以及企业中各个岗位的员工进行区分和判断，对个人实力和专业素养足够强硬的员工展开针对性的培养和提升，强化他们的岗位胜任力；对于能力一般的员工也同样要积极组织他们进行相应的职业培训和锻炼，让他们也能够逐渐成长为各个行业领域的优秀人才。

---

① 林燚宁. 高职院校辅导员胜任力的应然向度、实然表征与必然路径——基于校企协同育人视角［J］. 教育与职业，2023（2）：101-105.

总的来说，胜任力理论适用范围较大。胜任力理论的应用通常需要结合各个行业领域的专业化要求和岗位需求，并与特定的工作任务相匹配，还需要对各个行业的优秀员工和一般员工的判定标准进行明确的制定。[①]

2.3.2 胜任力模型相关研究

自麦克利兰提出"胜任力"概念以来，胜任力理论被应用于各个领域，胜任力模型也由胜任力的应用研究发展而来。所谓胜任力模型，描述的是在特定的工作岗位、组织环境和文化氛围中有效地充当一个角色所需要的与高绩效有关的知识、技能、自我概念、特质和动机等胜任力要素的特殊组合。这些胜任力要素是可测评、可分级的，是能够用于区分高绩效者和一般绩效者的。[②]对胜任力模型的广泛研究有效地确定了在卫生、管理和工程等各个行业取得成功所需的具体能力。胜任力模型为工作能力管理提供了参考依据。[③]其价值在于，可以借此开发一种全面的方法来检查一个人所拥有的能力，并且根据特定行业或专业的要求，梳理还要获得哪些能力。

胜任力模型的构建有研究途径和实践途径。研究途径强调用科学系统的方法采集数据和进行数据分析，使胜任力模型的构成要素全面而准确。研究途径又分为以行为事件访谈法构建模型的方法和以问卷调查法构建模型的方法。收集行为描述题项和胜任力要素是非常关键的步骤，其方法有行为事件访谈法（李明斐，2006）、关键事件法、工作分析法、专家小组法、问卷调查法、全方位评价法、焦点访谈法和观察法；胜任力要素有从人的特征角度静态驱动的绩效优秀者的特征或者从行为的角度动态驱动的胜任力识别方式；实践途径是企业直接借鉴已有的比较成熟的胜任力模型，将其进行修正以适用于本单位的实际情况，或者召开内部专家会议，确定与组织文化、战略目标和工作要求相匹配的胜任力要素清单，确定出

---

① 毕晓. 胜任力理论在人力资源管理中的应用研究［J］. 老字号品牌营销，2022（15）：40-42.
② 郑赤建，朱少双. 基于胜任力模型的生态旅游导游培训体系构建研究［J］. 湘潭大学学报（哲学社会科学版），2013，37（3）：153-157.
③ 赵昕，谢馆健，杨经桦. 基于胜任力模型的旅游专业研究生产教融合创新培养模式构建［J］. 长春工程学院学报（社会科学版），2022，23（3）：33-36.

胜任力模型。实践途径的构建过程比较简单快捷，但是由于开发的过程更多依赖经验和感知，所开发出的胜任力模型的效度和信度还需要得到进一步的科学验证。胜任力模型的检验是保证模型准确性和有效性的重要步骤。常用的模型检验方法有三种，即访谈法、测验法和问卷法，最常用的方法是利用问卷对模型的构念效度进行检验，还有层次分析法、交叉证实法（即探索性因子分析法和验证性因子分析法）、效标关联效度、法则有效性（王重鸣、陈民科，2002）等。近年来通过人工神经网络算法、熵权法、扎根理论编码和饱和度检验、结构方程模型与回归分析等较多（吴其阳，2020）。

随着国内外专家、学者对胜任力理论和经验研究的不断深入，一些关于胜任力模型的研究成果先后涌现。其中，较具代表性的有冰山模型和洋葱模型。冰山模型是美国心理学家麦克利兰于1973年提出的一个著名的模型。所谓"冰山"，划分为表面的"冰山以上的部分"和深藏的"冰山以下的部分"。在海上漂浮的、能够被我们观察到的冰山称为个体的外显特征；在海面以下不能被我们观察到的冰山称为个体的内隐特征。冰山上面的专业知识、职业技能这些浅层次的胜任力要素可以在短时间内通过一定的方法习得且容易改变，也能通过精准的测量表现出来。而冰山下面不易被观察到的，如人的特质、动机等都是很难通过外界的影响而改变的深层次特征。这些深层次特征是个人最难改变且难以测量的，它们也是决定个体胜任力的关键因素。个人特质和动机虽然很难发现，但是可以用于评价个体的业绩和预测其在未来工作上的表现。而"自我概念"则介于浅层次特征和深层次特征之间。① 在冰山模型的基础上，美国学者理查德·博雅特兹进行了深入和广泛的研究，提出了"洋葱模型"。洋葱模型把胜任素质由内到外概括为层层包裹的结构，像洋葱一样由内向外分布，最里面的一层也就是第一层是动机，第二层是个人特征，第三层是自我形象，第四层是社会角色，第五层也就是最外一层是知识和技能的分布。最外面的一层是最容易被人发现和观察的，也可以通过培训获得，最里面的一层则是最核心的一层，是不容易发现

---

① 林燚宁. 高职院校辅导员胜任力的应然向度、实然表征与必然路径——基于校企协同育人视角［J］. 教育与职业，2023（2）：101-105.

和评测的。①

2.3.3　旅游应用型卓越人才胜任力维度研究

（1）行业胜任力

随着改革开放持续推进和国民经济飞速发展，旅游成为人们休闲放松的主要方式之一。我国国土面积辽阔，历史悠久，拥有丰富的自然资源和人文资源。但我国旅游业相比发达国家来说，起步较晚，存在一定差距。因此，我国旅游业发展也面临诸多挑战。首先面临的挑战是行业竞争的无序化。各部门之间更多追求经济上的利益，旅游地区的实际发展反而会被忽略。其次是旅游方式的单一化，旅游景区开发形式整体上一致，没有创新点和新颖性，没有与本地区民风民俗结合，使得我国旅游资源的经济价值大打折扣。最后是旅游开发规划不合理，导致旅游资源被破坏，游客参观的无序化。这些都会最终导致我国旅游行业难以真正实现长足发展。②

随着旅游全球化、信息化时代的到来，旅游者的需求也不再仅限于传统观光，旅游产品或服务不断创新改变，旅游也出现了新的业态，如旅游+、共享旅游、私人定制游、医疗旅游、康养旅游等。③对旅游人才的专业性和操作性，都提出很高要求。应用型旅游人才要具有较高的理论基础，同时对旅游从业者的实践能力也有较高的要求，对基本综合素质，包括交流谈吐、基础知识的灵活展现、实地实践能力及灵活变通能力等，都有高标准和高要求。④

我国旅游业已成为国民经济中的重要产业，旅游业的蓬勃发展需要大量应用型人才。⑤旅游人才行业胜任力是包含旅游专业人才胜任行业相关岗位的旅游知识、实践能力与职业素质的综合性基础胜任力。

从行业层面的角度看，传统旅游正在向数字文旅转型升级，以大数

① 张岩，秦元梅，邹小燕，等. 岗位胜任力在我国新入职护士培训中的应用现状［J］. 护理研究，2023，37（3）：488-491.
② 付继宏. 浅析旅游业面临的机遇与挑战［J］. 营销界，2019，（35）：138-139.
③ 亚吉，尹立军. 基于OBE导向的应用型旅游人才培养体系建设研究［J］. 呼伦贝尔学院学报，2020，28（4）：93-98.
④ 张楗让. 浅议应用型旅游人才培养［J］. 教育与职业，2015（11）：81-83.
⑤ 苏志平，李炳义，刘霞霞. 独立学院应用型旅游人才培养模式探析［J］. 教育理论与实践，2010，30（18）：12-13.

据、人工智能、物联网、移动互联网、云计算等为代表的新一代信息技术在旅游行业中普遍应用。这揭示了旅游产业已经开始从原本单一的"劳动密集型"和"资本密集型"产业向复合的"信息密集型"产业转变。伴随着产业融合的持续推进和旅游新业态的涌现，单一技能的服务型人才已无法满足新时期旅游市场的需要，综合素质全面且兼具"互联网+旅游"跨界知识与技能的复合型人才的需求已经成为市场的主流。[①]

（2）职业胜任力

旅游业，国际上称为旅游产业，是凭借旅游资源和设施，专门或者主要从事招徕、接待游客，为其提供交通、游览、住宿、餐饮、购物、文娱等六个环节的综合性行业。旅游业务主要由三部分构成：旅游业、交通客运业和以饭店为代表的住宿业，这是旅游业的三大支柱，其中包含着不同的职业类型。

职业胜任力不仅仅指个人所需掌握的职业能力，还包括自己对这项职业的态度、动机以及自我评价等，这些才是做好本职工作的关键。基于职业胜任力的能力观不能简单地认为是培养其动手能力、随机应变能力等，更重要的是让旅游专业人才在学习职业能力的同时，能够培养自己的职业兴趣，养成自我服务意识，树立正确的职业价值观，这些才是关键的职业胜任力的要素。[②]

以下是关于旅游相关专业职业胜任力要素的介绍：旅游人力资源普通管理者主要需要具体工作岗位的知识与技能，而中高层管理者需要更高更综合的能力和素质，尤其需要更多的创新创业能力。如麦克利兰认为，人力资源部门中的中层管理者的核心胜任力主要包括富有弹性、变革执行、企业创新、人际理解、授权、团队建设等；而高层管理者则主要为战略思考、变革领导、人际关系管理等等。[③]

酒店管理专业职业胜任力包括五个维度，即职业品质、职业能力、

① 徐建国，李梓. "互联网+旅游"背景下旅游人才需求变化及职业教育应对策略研究[J]. 天津经济，2022（9）：32-38.
② 陆明华. 职业胜任力视阈下的高职院校文旅专业建设研究——以旅游管理专业为例[J]. 产业与科技论坛，2021，20（15）：237-239.
③ 杜明义. 职业胜任力为导向的人力资源管理专业大学生创新创业能力培养——基于CBE和OBE模式比较与借鉴[J]. 职教通讯，2019（18）：55-63.

职业素养、职业社交、社会能力。其中，职业品质是基础，必须具备爱国守法、明礼诚信、团结友善、勤俭自强、敬业奉献等品质，同时酒店管理专业人员需具备热情、耐劳、细致的优势品质。职业能力是关键，酒店从业人员要具备良好的心理素质、积极的应变能力、自我职业形象设计能力和一定的英语听说能力，这些也是开展工作的关键。职业素养是保障，酒店管理人员经常会面临独当一面的情形，拥有较强的思考力、独立性、适应力和抗压力等职业素质，是酒店从业人员做好工作的保障。职业社交是途径，人际关系、职业礼仪和尊重他人等酒店从业人员职业社交要素是开展工作的必然途径。社会能力是手段，因为酒店从业人员不可能脱离社会和岗位开展工作，所以团队合作、社会活动、勤奋主动等社会能力是开展工作的重要手段。①

商务旅游人才主要有三类：一是商务活动策划和运营管理人才；二是外语和旅游接待人才；三是辅助性人才，包括广告、法律咨询、物流、宣传、设计和搭建等方面的人才。商务旅游人才的胜任力要素的职业技能主要包括商务旅游市场调研、策划各类商务旅游活动、制订商务旅游计划、商务旅游的组织和营销、商务旅游现场服务与管理、商务旅游客户关系管理、商务旅游文案写作、商务谈判技能、信息技术和跨文化交流能力。②

（3）岗位胜任力

所谓"岗位胜任力"，是指从事某一特定职位，促使员工能够胜任、担当、适应和履行某一特定工作岗位且在本岗位上取得优异工作绩效的知识、技能、素养和能力的总和。岗位胜任力的定义包括以下两个方面的内容：第一，岗位胜任力与特定组织中的某一具体工作岗位相联系，具有动态性；第二，岗位胜任力与工作绩效相关联，岗位胜任力能够促使员工在工作岗位上产生优秀的工作绩效，与工作绩效无关的胜任力要素则不属于岗位胜任力研究的范畴。③

① 夏瑛. 基于职业胜任力模型的高职酒店管理专业课程体系构建研究［J］. 岳阳职业技术学院学报，2016，31（2）：34-37.
② 李佳. 基于胜任力模型的商务旅游人才培养对策［J］. 中国经贸导刊，2012，（22）：72-73.
③ 周辉，马卫. 基于"岗位胜任力"的高职酒店信息工程专业课程体系研究［J］. 高教学刊，2017，70（22）：193-196.

一方面，聘任具有与岗位相匹配的素质能力的员工，更有利于企业的发展，对于整个旅游业的发展而言也是如此。近年来，企业在招聘时也越来越注重岗位胜任力的测试，对于岗位技能和素质的要求越来越多①，而不同的职位也有不同的胜任力要求，企业根据职位分析、职位描述和职位规范构建相应的胜任力模型，通过组合胜任特征因素对是否符合该岗位的胜任力要求做出评价，使之成为选拔和招聘的重要条件。②另一方面，基于岗位胜任力的要求，旅游人才应以工作价值取向为根本、以工作能力为基础、以工作过程为导向、以工作任务为动力、以工作成效为尺度，突出对行动能力、求知能力、创新能力、竞争能力的发掘与培养。③

2.3.4　旅游应用型卓越人才胜任力特质研究

胜任力研究从构建通用的胜任力模型开始转向分门别类的专业层面的系统研究，目前的研究热点有岗位胜任力、核心胜任力、职业胜任力和全球胜任力，针对旅游行业人才胜任力研究的文献不够丰富。截至2020年年底，通过CNKI搜索"旅游、人才、胜任力"不难发现，旅游人才胜任力硕博士论文49篇，核心及以上文章17篇，其中对某个旅游特定岗位的胜任力特质及其模型研究较多。范围集中在：导游胜任力（鲍艳利，2018；崔三羊，2018；李好，2012；陈芬洁，2013；吴刚，2017；朱瑾，2011）；旅行社职业经理人胜任力（HOANG THI HUONG，2020；王超慧，2019；廖园，2004）；研学导师胜任力（李晨晨，2020）；出境旅游领队胜任力（周鸿儒，2019）；休闲农庄经营者胜任力（张亚鸽，2019）；国际化旅游人才胜任力（许欣瑜，2015）；酒店管理和前厅工作人员胜任力等。对旅游人才的特质研究主要有：导游人才胜任特征包括职业形象、文化知识、职业技能（跨文化交流能力、现代信息技术、旅游活动组织管理技能）、个人特质（鲍艳利，

---

① 刘阳阳，蒋亚龙. 应用型高校人才培养现状及职业能力培养研究［J］. 吉林省教育学院学报，2020，36（3）：65-68.
② 李颖，康铁钢. 高职技能型人才岗位胜任力分析及培养模式构建［J］. 教育与职业，2015，826（6）：107-109.
③ 朱靓，杨春宇. 基于岗位胜任力导入的"四轮驱动、一轴转动"旅游管理专业课程培养模式研究［J］. 中国成人教育，2015（5）：137-139.

2018）；旅游创业者胜任素质由四个维度构成，即社会资本、心理资本、人力资本与经济资本（谢晋宇，2011）；旅游饭店职业经理人胜任素质由四个维度构成，即社会资本、心理资本、人力资本与经济资本（李明生，2011）。

不同行业的胜任力结构具有异质性。即便就在旅游行业内部，胜任力与具体职业、工作岗位和工作任务也紧密相关，彰显差异。旅游人才胜任力要素分析是建立旅游人才胜任力模型的基础。旅游业是综合性产业，旅游从业者必须是理论与实践相结合的复合型人才。结合知识经济时代旅游市场的人才需求以及旅游业的发展趋势，仍然要提炼人才胜任力的共同的核心特质。胜任力是卓越人才所需具备的素质和能力要素的集合。人才胜任力的核心特质是行业优秀者个体特征与能力素养的集中体现，通常包括专业知识、职业技能、职业素养和个人特质四个方面。[①]

（1）专业知识

旅游人才必须具备广博的文化知识，这是由旅游行业特点和游客的特点决定的。旅游业涉及古今中外、天文地理等众多知识领域，游客来自四面八方，爱好和阅历各不相同。文化知识贫乏的旅游从业人员，很难满足游客的服务需要。[②]

旅游专业人才需具备基本的专业知识，包括学科的一般理论知识、专业基础知识以及专业方向知识。旅游人才应具备旅游服务中所需的基本技能知识，能熟练掌握辨识运用旅游基础知识、实务规则、旅游法规、突发事件应对、旅游安全等相关知识和情景案例。[③]

除去旅游相关的通识知识，即一些必须掌握的知识和能力之外，为了提升自己的某些方面的能力，旅游人才可以通过学习外语、领队业务、旅游财务基础等旅游行业相关拓展知识，提升自身竞争力。[④]此外，还应在工作过程中根据各项旅游产品的设计目标和各项活动的特

---

① 焦娜. 应用型高校学生管理问题及对策探讨［J］. 高教学刊，2017（5）：119-120.
② 瞿群臻，王萍. 我国旅游人才胜任力模型构建与应用研究［J］. 江苏商论，2011（10）：104-106.
③ 褚凌云，魏薇，魏胜，等. 应用型高校文化和旅游人才协同培养机制研究［J］. 北方经贸，2022（1）：143-145.
① 金丽娇，方法林，涂玮. 胜任力视角下的高职旅行社专业课程体系的构建［J］. 中国职业技术教育，2013（5）：68-71，74.

点，不断探索，不断创新，并不断加以总结和研究，形成适合自己的工作模式和方法。①

（2）职业技能

职业技能是优秀旅游人才的能力基础。以旅游人才中的导游为例，具备各项技能可以保证导游能很好地完成出团任务。其胜任力核心特质中的职业技能包括导游技巧、团队组织管理能力、人际沟通协调能力、突发事件应对能力等几个方面。

①导游技巧。这里指导游词的创作和讲解能力以及在学习和经验中获得的导游技巧。这些技巧能够被游客直接感知，并做出对旅游从业者的感性评价。导游词的创作要紧扣主题，尊重历史和现实；用词（或例证）恰当，具有创新性和时代特色；导游讲解要紧扣主题，方法和技巧运用恰当，富有亲和力、感染性和渗透性，能体现快速组织能力、知识转化能力和临场应变能力。②

②团队组织管理能力。这表现为优秀旅游人才能够在旅游活动的分工体系中合理高效地完成组织、调度和衔接，充分发挥导游作为组织游览活动的核心作用，保证旅游过程顺利进行。

③人际沟通协调能力。这是指掌握与人沟通的技巧，擅长与人交流沟通，能够亲和待人，处理好冲突事件。

④突发事件应对能力。这体现出表现卓越者和表现平平者的胜任力差距，优秀旅游人才能迅速做出恰当反应，妥善解决问题，降低损失。

各行业所需职业技能具有领域特殊性，厘清不同职业类别的特殊性和规律性，参考其他行业所需的职业技能，思考旅游行业所需的职业技能。参考企业对酒店管理专业人才的能力要求，总结酒店管理专业人才需要具备的职业技能是指应具备语言表达、动手操作以及人际沟通的意识和技能；掌握引领顾客、餐饮摆台、前厅接待、餐饮服务、应对投诉、中西式铺床、客房预订以及客房服务等各项专业技能。③基于乡村

---

① 郑赤建，朱少双. 基于胜任力模型的生态旅游导游培训体系构建研究 [J]. 湘潭大学学报（哲学社会科学版），2013，37（3）：153-157.
② 程兆宇，段颖. 高职院校导游专业技能型人才胜任力模型构建与应用研究 [J]. 黑龙江高教研究，2022，40（12）：144-148.
③ 王宏兰. 高职酒店管理专业职业技能与职业精神融合培养研究 [J]. 厦门城市职业学院学报，2018，20（3）：32-36.

旅游从业人员总体水平低的现状，应充分考虑当地人力资源构成实际情况，重视对从业人员职业技能的提升和人力资源保障机制的完善。根据从业者的年龄、知识层次、从业岗位的不同，结合当地乡村旅游产业特色，分层次、有重点地实施包括民宿经营管理、餐饮服务、讲解导览、旅游产品营销等在岗服务培训，逐步提升就业人员的整体水平，从而提高服务质量，促进旅游产业健康发展。①

（3）职业素养

旅游人才需要建立"四位一体"的职业素养结构。其中，旅游人才的政治素养是首要前提。树立正确的国家观、历史观、民族观、文化观、和平观，是新时代应用型旅游人才做好本职工作并进而对新时代中国特色社会主义建设事业有所贡献的内在本质要求。旅游人才应不断提高政治素养，树立正确的人生观和价值观，为人文素养的提升奠定政治基础；人文素养主要包括社会、历史、文化等方面的人文知识，是培养合格的旅游卓越人才的关键环节；道德素养以立德树人为首要任务，要真正将旅游人才道德素养的提升落到实处。旅游人才的职业素养还包括才艺运用，要展示工作实际情况，主题内容健康积极；有一定的艺术性、观赏性和独创性；表演自然流畅、感染力强，符合旅游者审美规范和需求②。

（4）个人特质

个人特质包含三个方面。

一是思维方法。纵览旅游人才的成长足迹及感人事迹，不难发现个人思维方法的优化对讲好中国故事、传播好中国声音起着积极推动作用。旅游卓越人才在其职业活动中，在显性意义上完成的是讲解景点、服务客人以及保障旅游活动，而其在隐性意义上完成的是对文化的传承和价值观的传播。应用型旅游人才胜任力的核心特质在个人方面，包含思维方法的要素，思维方法的科学塑造有助于其成长为更受认可的行业卓越人才。

新时代应用型旅游人才兼具新时代中国特色社会主义实践的建设者

---

① 李娟梅. 基于乡村振兴战略的乡村旅游从业者职业能力提升探究［J］. 成人教育，2019，39（6）：60-64.

② 唐春艳. 从职业技能人赛视角看职业素养培养——以高职旅游专业人才为例［J］. 现代交际，2019（24）：168-169.

和旅游业建设者的双重属性。厘清旅游业发展实践与中国特色社会主义实践的辩证关系，讲好酒店业爱国报国、改革创新的"中国故事"，有助于引导新时代应用型旅游人才树立正确的理想信念，培育正确的思维方法。以酒店业发展为例，金陵饭店、白天鹅宾馆等自管酒店的改革实践生动诠释了思想解放、敢为人先、奋力拼搏的时代精神，走出了独立自主的中国特色酒店发展道路。以霍英东为代表的酒店业投资兴建者交出了复兴伟业的历史答卷，其"感动中国"的报国实践与"服务至诚"的价值理念为厚植社会主义核心价值观提供了坚实基础。充分挖掘中国旅游业改革创新实践中内在蕴藏与卓越运用的战略思维、创新思维、历史思维，有助于在引领学生关注旅游业发展实践史的基础上，以高度鉴别力和透视力精准把握新时代旅游人应具备的政治素养和思维方法，以崇敬的心态理解与传承旅游业的专业态度与创新精神，交出新时代旅游人的满意答卷。[①]

二是精神追求。"精益求精"的品质精神、"追求卓越"的创新精神、"用户至上"的服务精神、"淡泊名利"的奉献精神等都是当代中国工匠精神和职业精神的体现。[②]旅游从业者的个人特质能够为游客提供特殊的旅游体验[③]。比如对旅游行业极具热情的人，会对自己的工作表现出自信心和成就欲，这也是保证旅游卓越人才实现事业上升的根本动力。

三是心理能力。旅游卓越人才的心理能力也是重要因素，包括在旅游事件中主动预测、观察、理解和分析游客。优秀旅游人才更擅长通过观察游客的表情、动作、言语等来分析其心理活动或情感变化，从而给游客带来更高层次的旅游体验。心理抗压及情绪控制能力能帮助他们理性分析引发压力的原因，选用恰当的方法来积极面对，并控制情绪。

高校教育是旅游人才培养的源头，应围绕旅游市场需求设置专业，培养高素质应用型和复合型旅游人才。[④]把旅游人才胜任力的核心特质应用于旅游人才的培养具有重要意义。高职院校应依据应用型旅游卓越人

① 孔翠萍，纪文静，鲁晨阳. 新时代应用型旅游人才的思维方法塑造研究 [J]. 产业与科技论坛，2022，21（12）：198-200.
② 孔翠萍，纪文静，鲁晨阳. 新时代应用型旅游人才的思维方法塑造研究 [J]. 产业与科技论坛，2022，21（12）：198-200.
③ 陶楠. 旅游人才胜任力模型构建及评价研究 [J]. 旅游纵览，2021，（21）：41-43.
④ 瞿群臻，王萍. 我国旅游人才胜任力模型构建与应用研究 [J]. 江苏商论，2011（10）：104-106.

才所需的胜任素质，确认各门课程的内容结构；加强旅游专业学生的胜任力培养，帮助学生提升岗位适应能力，使其在旅游领域依靠自身的能力在职业道路上不断突破，最终实现自己的人生价值。[①]

2.3.5 胜任力对旅游人才发展与培养的应用研究

胜任力对旅游行业人才发展的应用研究主要有：基于胜任能力的员工培训需求分析研究（韩旭东，2019），胜任力及其对工作绩效的影响以及预测的实证研究（黄扬杰，2020），基于胜任力模型的招聘甄选和人才测评研究（赵起超，2013），针对不同职业、不同层级、不同工作类别开发出各种各样的胜任力测评工具，测评的结果可以形成培训需求。胜任力对旅游院校人才培养的应用研究主要有：基于胜任力模型的高校人才培养模式研究（胡晓龙，2020），胜任素质对职业教育课程改革的启发（赵志群，2018），基于胜任力提升的系统化、模块化的教材编写实践与思考（卢伟，2018）等。

（1）胜任力对旅游行业人才发展的应用研究

胜任力相关研究已开展70余年，早期研究侧重于理论模型的构建，近年来则强调胜任力模型的应用与实践，特别是针对不同层级和行业能力进行指标比较和权重赋值，并运用到管理流程和团队建设中，从而激发人才潜能、提升组织效能。总体上看，胜任力模型在旅游行业人员甄选、绩效评估、薪酬管理、员工培训等人力资源管理环节中的应用具有重要意义。

在人员甄选中，可以把旅游人才胜任力模型与"人—职位—组织"匹配的框架结合起来，根据不同层级旅游岗位和组织环境所要求的胜任力设计问题和开发试题库，有针对性地测评应聘人员与旅游人才胜任力模型各维度中素质要求的契合度，据此做出录用决策。[②]

在绩效评估中，传统的绩效考核体系大多专注于目标和结果，而不注重对员工个人能力的综合评价，即用目标完成结果来评判员工绩效，

[①] 许艳平. "一带一路"背景下高职旅游专业学生胜任力提升路径探究［J］. 决策探索（下），2021（4）：71-72.
[②] 瞿群臻，王萍. 我国旅游人才胜任力模型构建与应用研究［J］. 江苏商论，2011（10）：104-106.

而忽视对与工作相关的心理素质、工作态度等方面的考察。基于胜任力模型，对旅游人才的潜力、工作状态等进行综合性的评价考核，可以有效提高考核结果的准确性和全面性，也可以帮助旅游人才挖掘自身潜能，认识到自身不足，有针对性地进行自我学习和提升。

在薪酬管理中，基于胜任力的薪酬管理机制近年来逐渐引起广泛关注。薪酬管理关系着员工切身利益，科学合理的薪酬管理制度能够充分调动员工的工作积极性，提升员工的工作满意度。研究表明员工的薪酬结构与其胜任力匹配，有利于提升人才价值。而且基于胜任力的薪酬管理具有激励作用，激励员工不断实现自我，提高员工对组织的贡献。[①]

在员工培训中，胜任力模型以未来为导向，描述了员工的理想能力与绩效状况。基于胜任力模型的培训从分析优秀绩效者与一般绩效者的特征出发，涵盖的内容包括员工的态度、动机、价值观等隐性特质。在胜任力模型的基础上，培训部门能够界定出成功、高效地完成工作目标所需要的关键素质，定出具体的标准，为培训指出明确的重点方向。除了能够保证培训的针对性外，还能够帮助培训部门设计个性化的培训课程，在培训结束后系统评价培训效果，利用反馈信息对培训方法与方式的选择进行优化。[②]

（2）胜任力对旅游院校人才培养的应用研究

应用型人才是我国经济建设和产业转型的主要动力，在创新型国家的建设进程中发挥重要影响和作用。应用型人才的"应用"能力，是知识实践化和实践学术化的统一，这种"应用"的过程是将应用性知识技能转化为实践动手和创新能力，从而服务于行业进步与区域经济社会发展。对应用型人才的培养过程应理解为应用型人才综合素养的系统提升过程，将胜任力理论和模型的内容体系与人才培养进行有机结合是一种必然选择。[③]

旅游人才胜任力在培养院校的应用体现在：人才培养、课程设置、

① 李芸娜、李文芬、杨风. 基于胜任力理论的医院人力资源管理应用探讨 [J]. 经济研究导刊，2021，480（22）：126-128.
② 郑赤建、朱少双. 基于胜任力模型的生态旅游导游培训体系构建研究 [J]. 湘潭大学学报（哲学社会科学版），2013，37（3）：153-157.
③ 孙丽璐、何梦庭、龙婷. 基于胜任力模型的高校应用型人才培养策略研究 [J]. 重庆理工大学学报（社会科学版），2019，33（4）：89-96.

实训体系或者需求培训。胜任力导向下高职学生综合实践能力培养探析（张骏，2017），基于岗位胜任力导入的"四轮驱动、一轴转动"旅游管理专业课程培养模式研究（朱靓，2015），胜任力视角下的高职旅行社专业课程体系的构建（金丽娇，2016），基于胜任力模型的生态旅游导游培训体系构建研究（郑赤建，2013），基于胜任素质的饭店人力资源管理教学研究（储蓓，2005）。

从具体操作来看，首先，包括旅游在内的各学科专业应以市场为导向，深入调查分析，确定专业人才未来所从事的岗位所需具备的职业能力，并将其分解为若干胜任力要素，包括通用胜任力和专业胜任力。明确每一胜任力要素的能力要求，构建胜任力模型。其次，明确所需提升的胜任力要素。针对每一特定胜任力要素能力要求设置相应的课程单元，提升实践环节的地位。增强课程教育的专业性、针对性和实用性。培养个人的综合素质、职业素质和业务能力，强化对人才的管理潜质的开发和培养，确保进入社会工作后，不仅能很快适应基础岗位要求，同时具有系统的知识、开阔的视野和创新的精神，能够获得更好的职业发展和提升。最后，从个人的人格特征及能力出发，使其掌握制定职业生涯规划的能力，以此激发学习工作动力，提高隐性竞争力。[①]

在新文科建设背景下，应用型旅游人才培养以行业需求为导向，秉承协同育人理念，开放教育合作边界，建立了政府引导、高校联合、产业对接的系统育人机制。高校构建信息化旅游教学服务平台，打造智慧课堂，提高旅游教学的信息化和智慧化水平，推动旅游教学模式的创新；以学生全面发展为中心，充分利用云计算技术、虚拟现实技术等先进技术及国家精品课程在线学习平台，探索与信息时代相适应的新型教育模式；把具有丰富旅游行业经验的行业精英及工作绩效突出的政府相关部门工作人员作为旅游人才培养的后备师资力量，不定期邀请他们到学校授课、举行讲座、开展培训等，助力旅游人才培养。[②]

[①] 王知桂，杜燕. 胜任力模型嵌入高校应用型人才培养模式研究——以高校本科 HRM 专业为例 [J]. 人力资源管理，2014（7）：34-36.
[②] 林秀治，陈健平. 新文科背景下应用型本科院校三螺旋旅游人才培养模式研究 [J]. 成都师范学院学报，2022，38（8）：46-51.

2.3.6　小结

纵观现有的研究成果，可以看出对旅游企业经营者、核心骨干员工的胜任力研究较多，对传统胜任力理论和方法使用较为普及。但是当下研究须关注几个"新"，方能赋予胜任力新的活力。

一是时代新。既有研究较少关注人工智能发展、技能社会发展对新时代背景下应用型人才胜任力要素的影响，其阐释度不够；同时对新时代旅游人才胜任力在这一背景下的变化趋势和高绩优人才核心特质亟待加强研究。

二是方法新。人才胜任力研究方法较为依赖于某一种方法观察或经验判断，即便有实证研究，但对于数据的分析和校验还有待完善。新方法提倡结合新技术和综合多种方法来提取研究资料。值得注意的是，与其他行业人才比较，如管理者、教师、医务人员、传媒人员、党务工作者等，旅游人才胜任力的实证研究无论从取样的数量和质量上看，都有着较大的提升空间。

三是对象新。既往研究大部分停留在将旅游场域内的某特定岗位或者单一工种的胜任特质作为研究对象，对不确定时代下的人才发展性、可变性、阶段性和连续性重视度不够，没有提炼旅游人才的共性胜任力框架和维度，而这类研究对人才在旅游职业群横向发展是有意义的。

四是体系新。胜任力发展有着时间和空间的概念意义，既有研究缺乏对旅游人才胜任力的系统性、结构化研究，空间上较多是局部代面，时间上没有前后照应。如果能从"胜任力整全价值—胜任特质提取—模型建构—模型检验—多重应用（学校人才培养、企业人才发展）—回归人生命发展本身"的进程上进行探究，就可能会有不一样的天地。

3 旅游应用型卓越人才胜任力模型与评价体系的形成思路

　　旅游人才胜任力是胜任旅游相关岗位的旅游知识、实践能力与职业素质的综合。旅游行业通过构建旅游人才胜任力模型能够切实提高旅游人才甄选质量，为旅游产业发展提供优质的人才支撑，最终促进整个旅游业的高质量发展。①

3.1　人才胜任力的研究热点与趋势

　　Citespace是应用在科学文献中识别并显示科学发展新趋势和新动态的软件，也是很实用的可视化分析软件。它可以利用关键词和主题词的共性发现研究特点；通过共被引、耦合、共词、凸显词检测等方法探测研究前沿；将时序维度与主题聚类结合分析研究演进路径；通过建立作者/机构合作、作者耦合等网络，发现研究群体和核心团体；通过建立学科/期刊

---

　　①　曾寰洋，陈亚颦，杜凡，等. 健康中国背景下云南康养旅游人才胜任力模型建构[C]//中国旅游研究院. 2022中国旅游科学年会论文集：旅游人才建设与青年人才培养. 北京：中国旅游研究院，2022：852-858.

等的共享网络，研究学科之间的交叉、知识流动等。本书通过 Citespace 可视化软件对胜任力模型的文献进行研究特点和研究趋势的分析。

3.1.1 数据来源与研究方法

（1）数据来源

本书通过中国知网检索平台，以"胜任力"作为检索主题词，选择"核心""CSSCI""CSCD"进行限定，对 2002—2022 年刊载的论文进行文献检索，即检索条件为核心期刊=Y 或者 CSSCI 期刊=Y 或 CSCD 期刊=Y 并且主题词=胜任力，共搜索到 2 780 篇。考虑到学术论文的研究价值与代表性，研究领域聚焦在哲学社会科学、经济与管理科学、信息科技等领域，在此基础上尽可能较为完整地检索相关文献，剔除重复和无效文献，得到有效文献 2 133 篇。

（2）研究方法

文献计量作为分析特定领域文献主题的方法，能够客观并且有效地呈现检索主题的研究特点以及趋势，被外界公认为有效工具。本书主要使用美国德雷塞尔大学陈美超博士开发的 Citespace 文献可视化分析软件，将 2 133 篇论文信息导入，对关键词、作者、机构等信息进行知识图谱分析。通过关键词共线、关键词凸显、关键词时区图、关键词时间线等方法，梳理该研究领域前沿与热点，推进该领域研究的多样化与纵深化，为后续研究提供参考。

3.1.2 研究基本情况

本书通过对 2 133 篇文献的发表时间、载文期刊、核心作者、国家地区、机构和主要研究领域六个方面的分析，描述 2002—2022 年胜任力研究的基本状况。

（1）文献的年度分布

对以胜任力为主题研究的文献年度发表数量进行分析，有效了解胜任力相关研究在国内期刊上的时间分布特点。从整体上看，2002—2022 年间胜任力研究论文的年度发文状况呈增长趋势；从文献发表的具体年份而言，2002—2011 年呈现明显的增长趋势，2012—2022 年增长趋势较为平稳，较上一个阶段增长趋势有所减弱；从文献发表的具体年份看，2010年以后发文数量基本在每年100篇上下浮动，2013年达到小高峰，年度发文量达到124篇。2018—2022年发文数量逐年增加，2021年达到121篇，如图3-1所示。

总体趋势分析

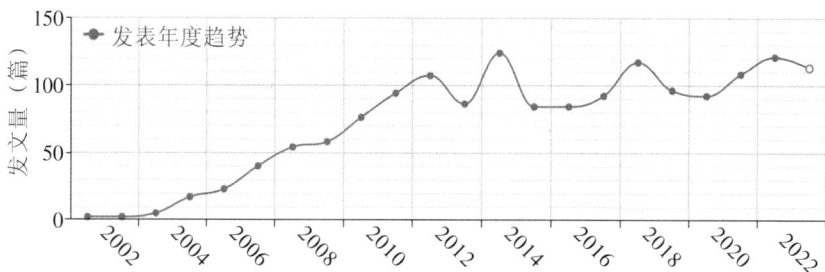

图3-1 发文总体趋势分析

期刊载文量能直接反映某一研究领域成果的集中分布。从2002年到2022年，国内共有436种核心出版物发表了与胜任力相关的论文。其中，发表5篇及以上的出版物有95种，占到总出版物的21.78%。

发文量和总被引用频次排在前5位的出版物有：《中国人力资源开发》《科技管理研究》《教育与职业》《领导科学》《中国成人教育》。据上，不难发现，胜任力的相关研究主要集中在人力资源管理、教育学、经济学和护理医学方向，见表3-1。

表3-1 国内胜任力研究发文量前十的主要期刊

排名	文献来源	计数	占比（%）
1	《中国人力资源开发》	106	24.77
2	《科技管理研究》	59	13.79
3	《教育与职业》	51	11.92
4	《领导科学》	42	9.81
5	《中国成人教育》	36	8.41
6	《职业技术教育》	31	7.24
7	《黑龙江高教研究》	29	6.78
8	《企业管理》	26	6.07
9	《职教论坛》	25	5.84
10	《企业经济》	23	5.37

（2）文献作者与发文机构

核心作者的作用能够反映在某一个学科领域的引导性，以及他们在该领域的代表性贡献。通过对胜任力文献的代表作者统计可以发现，超过5篇的作者有4位。被引频次最高的文章是浙江大学王重鸣、陈民科的论文《管理胜任力特征分析：结构方程模型检验》，该论文发表在《心理科学》上，被引频次2 346次。较为集中的发文机构见表3-2。

表3-2　　　　　国内胜任力研究发文量较多的研究机构

计数	机构/单位	初次发文年份
11	南开大学商学院信息资源管理系	2017
7	江苏大学管理学院	2012
7	中南财经政法大学公共管理学院	2011
6	复旦大学管理学院	2009
6	华南理工大学工商管理学院	2009
6	江西师范大学教育学院	2014
6	陕西师范大学教育学院	2014
6	上海海事大学经济管理学院	2011
6	上海交通大学安泰经济与管理学院	2010
6	重庆大学经济与工商管理学院	2007

3.1.3　研究结果与分析

（1）高频词及其年度演进

对检索文章进行Citespace可视化后，得到图3-2，共生成节634个、连线856条。关键词、中心性及其联系可以直接反映胜任力的研究热点。经过后台数据分析，对频次在10以上的具有较高价值突显率的关键词得以保留，共得到关键词26个，按照出现年度予以排序，见表3-3。

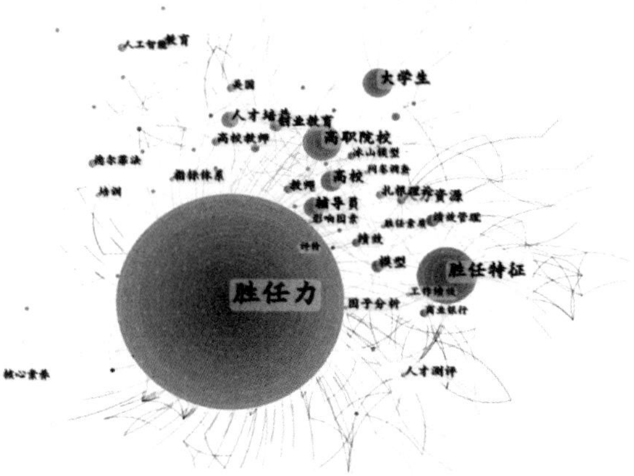

图 3-2　胜任力关键词的知识图谱

表3-3　　　　　　　　胜任力研究的高频关键词年度分析

频次	出现年份	关键词	频次	出现年份	关键词
575	2002	胜任力	12	2008	绩效管理
10	2002	培训	22	2009	辅导员
68	2004	胜任特征	17	2009	模型
34	2004	大学生	37	2010	高职院校
13	2004	人才测评	24	2010	人才培养
22	2005	人力资源	14	2010	教师
14	2005	指标体系	13	2010	因子分析
30	2007	高校	12	2010	美国
14	2007	绩效	18	2011	创业教育
12	2007	影响因素	14	2015	扎根理论
10	2007	冰山模型	13	2018	教育
10	2007	工作绩效	11	2018	核心素养
15	2008	高校教师	10	2018	德尔菲法

通过高频关键词分析以及年度演进的趋势我们发现，21世纪初胜任力研究的关键词有胜任特征、人才测评、人力资源、冰山模型、工作绩效；随后研究特点逐步切换为大学生、高校、高校教师、辅导员；而最近10年，即从2010年开始转向人才培养、高职院校、因子分析、创业教育、扎根理论、核心素养、德尔菲法等。这些变化体现了研究者的研究关注点从胜任力的胜任特征及指标、胜任力模型、人才测评等本体与应用层面，转向胜任力的教育培养层面，诸如胜任力的人才培养、核心素养、创业创新以及胜任力的研究方法创新等方面。前期研究聚焦于胜任力模型及评价指标，目的在于区分在特定的工作岗位和组织环境中绩效水平的个人特征。而中后期与新时代人才发展的时代诉求、社会需要相呼应，着重对人才胜任力的核心素养培养以及创造性素养加以关注；同时更新研究方法，将质化研究与量化研究相结合，精准勾勒人才胜任力的全貌。

（2）关键词聚类的知识图谱及分析

在胜任力研究关键词共线的基础上对其进行聚类分析，从中提取结构化集群，从而得到胜任力领域内的十个聚类主题，分别是胜任力模型、胜任特征、护理教育、工作绩效、高职院校、评价体系、创业教育、扎根理论、专业标准、职业胜任力，如图3-3所示。

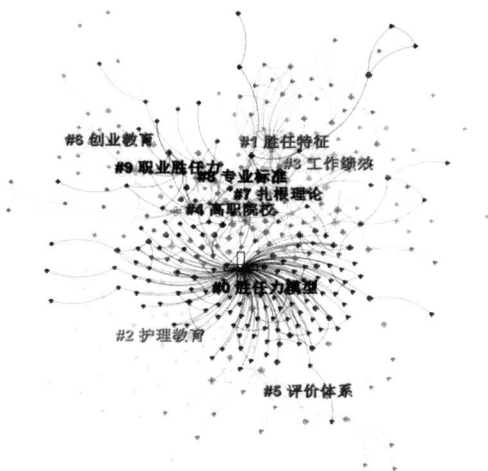

图3-3 胜任力关键词聚类的知识图谱

综合十个聚类标签后再次对文献进行分析，可以发现胜任力研究的聚类主题，见表3-4。

表3-4　　　　　　　　胜任力研究的聚类主题及名称分析

聚类编号	数量	中心度	年份	聚类主题	名称
0	124	0.95	2010	胜任力模型	胜任力模型；网络招聘；人力资源专业人员；研发人员；中学心理教师；人力资源管理；人能匹配；人本匹配；项目调度；研发项目群
1	41	0.891	2009	胜任特征	胜任特征；中层管理者；电信企业；管理绩效；职业经理人；胜任力模型；组织构建；处级干部；业务学习；差异分析
2	39	0.917	2016	护理教育	护理教育；岗位胜任力；培训方案；德尔菲技术；全生命周期；人才培养；医学教育；临床医学博士后；核心胜任力；高等职业院校
3	37	0.886	2008	工作绩效	工作绩效；图书馆管理者；职业胜任力；实证研究；多元回归方程；绩效管理；教师绩效；教师评价；商业银行行长；行为金融
4	36	0.909	2012	高职院校	高职院校；胜任力模型；继续教育；专任教师；需求分析；冰山模型；中小企业；创业胜任力；高等职业教育；战略型管理模式
5	23	0.934	2017	评价体系	评价体系；高校教师；评价机制；混合式学习；体育管理；岗位胜任力；影响因素；评价体系；混合式学习；体育管理
6	23	0.987	2009	创业教育	创业教育；结构模型；能力维度；教师胜任力；创业能力；创业能力；聚类分析；胜任力模型；案例研究；创业群体
7	21	0.956	2013	扎根理论	扎根理论；胜任素质；传媒专业；传媒人才；新媒体人才；职业教育；产业升级；技能人才；网上创新服务；现代学徒制

聚类编号	数量	中心度	年份	聚类主题	名称
8	15	0.955	2010	专业标准	专业标准；教师教育；教师教育者；美国教育；素质模型；因子分析；信度与效度分析；素质模型；胜任力模型；美国教育
9	12	0.984	2014	职业胜任力	职业胜任力；图书馆员；普通员工；子女数量；胜任特征模型；问卷调查；胜任特征模型；图书馆管理者；胜任力模型；其他工作

以 2002—2022 年为时间跨度，德尔菲法、核心素养、人工智能、扎根理论在近几年的胜任力研究中逐渐流行起来，越来越多的研究开始注重将质性研究的研究方法带入胜任力的研究当中，注重通过访谈、文本资料以及行为事件进行调查研究，也对胜任力维度的核心素养、时代人工智能对胜任力影响开始进行关注。这也是对前 10 年实证研究方法诸如测评、实证、问卷调查的充分补充。因此本书也会借鉴质性研究方法，将它与量化研究充分结合，以便更好地获取旅游应用型卓越人才胜任力的研究资料，得出研究结论，如图3-4所示。

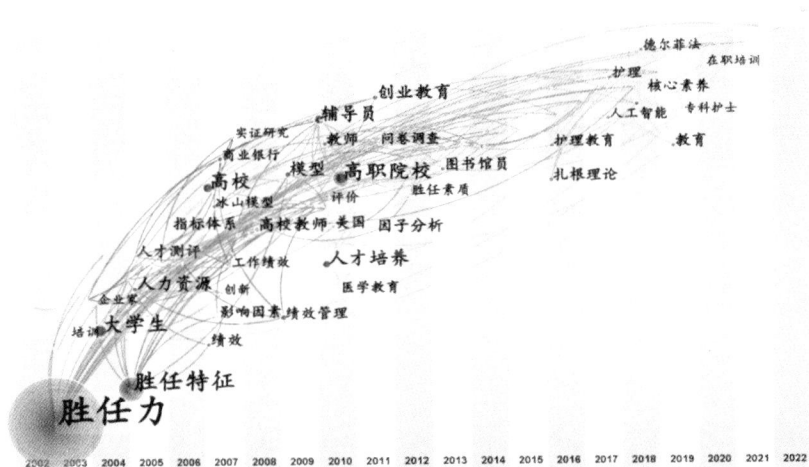

图 3-4　胜任力关键词聚类的时区图

3.2 人才胜任力模型构建的相关研究

3.2.1 人才胜任力的概念

国内外各专家、学者对胜任力模型的概念和应用途径做出了丰富的阐述。其中最具代表性的胜任力模型有冰山模型和洋葱模型。胜任力冰山模型包含动机、特质、自我概念、知识和技能五种胜任力。其中，知识和技能属于水面上看得见的冰山，最容易改变；动机和特质潜藏于水下，最难改变和发展；自我概念介于两者之间。胜任力洋葱模型由表及里描述胜任力，表层是基本的技巧和知识，里层是个体的潜在特征。①

社会生产力的提高促进旅游行业发展，旅游行业发展带动消费快速增长，为促进产业结构调整、提高社会就业率、均衡地区之间的经济发展差距做出了巨大贡献。因此，旅游业发展水平在一定程度上成为衡量国家和地区发展水平现代化程度的一个重要标志。各地政府应因地制宜整合地区旅游资源，按照"全域统筹，以点带面，多业融合"的思路积极促进旅游行业融合发展，逐渐形成以地区资源为特色的产业融合新业态。在发展旅游业的同时，带动相关融合产业的发展，有效促进地区产业发展多元化。原本作为传统服务行业的旅游业，因其产业链纵深延伸到民航交通运输、餐饮娱乐、酒店住宿、旅游景区等劳动密集型产业，对纯服务类人才需求量大。从行业发展角度来看，旅游行业也不再将旅游专业背景的人才作为人才引进的重要参考指标，旅游行业提供就业岗位逐渐向丰富性、多样性、技术性、复杂性转变，只有更多不同专业背景的优秀人才加入，才能更好地推动行业持续稳健发展。在产业融合发展以及数字旅游时代背景下，旅游行业对人才的需求已从传统的旅游管理类相关专业转向网络媒体、计算机技术、电子商务等专业方向。旅游企业对人才的需求也是务实地要求候选人才具备相关岗位的核心胜任力，以及能体现其职业素养的软实力，包括候选人才的性格、职业态

① 李国秋，齐丹莉. 人力资源管理视角下的情报职业胜任力概念与模型初探 [J]. 情报资料工作，2013（3）：26-30.

度、责任诚信、沟通能力、学习能力等。[①]

3.2.2 人才胜任力模型的构建

目前，胜任力模型构建采用的基本方法有文献分析法、工作分析法、专家评价法、问卷调查法、行为事件访谈法等。通过借鉴其他胜任力模型的已有研究和构建方法，结合当前旅游行业发展的时代背景、人才培养状况和实际岗位需求等方面来构建旅游卓越人才胜任力模型。

胜任力模型操作思路是：首先，运用文献分析法对该领域文献进行阅读。旅游人才胜任力要素分析是建立旅游人才胜任力模型的基础。应结合既有文献，总结知识经济时代旅游市场的人才需求以及旅游业的发展趋势，在全面梳理学者对于旅游卓越人才胜任力相关研究的基础上，初步呈现应用型旅游卓越人才胜任力模型要素。[②] 其次，运用行为事件访谈法，设计访谈提纲，对旅游业专家以及相关领域的工作人员进行访谈，借助胜任力要素，形成通用的旅游人才胜任力指标，在征求专家意见的基础上进行指标体系的增减。最后，运用问卷调查的方法，邀请旅游行业专家和工作人员对初始胜任力指标进行完善。最后确立旅游人才胜任力模型。

3.3 人才胜任力评价体系构建的相关研究

3.3.1 评价体系的概念

我国学者不断探索和研究各行业领域中指标的生成（指标设计原则和方法等）、指标的类型或指标的调整等方面，取得了丰富的成果。

就指标体系构建的基本原则来说，何凤秋（2007）认为构建地方政府绩效评估指标体系应坚持分层分类、突出重点与全面系统相结合，动态与静态相结合，定性与定量相结合的原则；张庆文（2009）提出大学

[①] 赵明辉，张营营. 产业融合及数字经济发展时代背景下的旅游人才培养探析［C］// 中国旅游研究院. 2022中国旅游科学年会论文集：旅游人才建设与青年人才培养. 北京：中国旅游研究院，2022：828–834.

[②] 翟群臻，王萍. 我国旅游人才胜任力模型构建与应用研究［J］. 江苏商论，2011（10）：104–106.

绩效评估指标系统构建需要按照一致性、全面性、层次性、可行性、可比性和导向性等六大原则；周坤顺（2013）认为高校内部治理评价体系的设计需要按照科学性、系统性、客观性和可行性四大原则；罗云（2016）认为指标的设计需要按照系统性和科学性、定性与定量相结合、实用性与可操作性、比较性、持续改进、以发现问题为目的等原则；郭存芝等（2016）认为指标构建需要遵循目的性、理论性、系统性、科学性、可比性、代表性和可操作性等原则；彭张林、张爱萍等（2017）提出综合评价指标体系设计的六个原则，即目的性、完备性、可操作性、独立性、显著性与动态性；许梦博、翁钰栋（2017）认为我国的预算绩效指标体系应遵循以下原则：全面性、系统性、层次性、相关性、重要性、独立性、科学性、经济性、客观性、可操作性、稳定性、可比性、定性与定量相结合、统筹兼顾、可监控性、精确性、可持续和动态性、简单务实、有挑战性但能实现等；王淑红（2017）提出人员素质测评标准体系设计的基本原则，即针对性、明确性、可操作性、完备性、简练性、独立性等；南锐（2017）指出新型城镇化背景下社会治理评价指标体系构建的原则，即系统性和代表性结合、科学性和简明性结合、数据可获得性和针对性结合、定性分析和定量分析结合的原则；朱未易（2018）提出构建地方法治建设监测数据指标体系的原则，即系统性、真实性、规范性、公开性、稳定性、操作性；王伟、易新（2020）认为高职学生创新创业能力素质综合评价指标构建需要遵循主体性、导向性、科学性、全面性和个性与开放性原则。

综上可知，指标在各行各业应用广泛，虽然指标应用的领域不同，但指标设计的原则却具有一定的共通性。

3.3.2　人才胜任力评价体系的构建

（1）行为事件访谈法

行为事件访谈是由 David McClelland 提出来的，该方法采用开放式的行为回顾式调查技术，要求被访谈者列出他们在管理工作中发生的关键事例，包括成功事件、不成功事件或负面事件各三项，并且让被访者详尽地描述整个事件的起因、过程、结果、时间、相关人物、涉及的范围、影响层面以及自己当时的想法或感想。访谈者在征得被访者同意后应采用录音设备把内容记录下来，对行为事件访谈报告进行内容分析，记录各种胜任特征在报告中出现的频次，然后对优秀组和普通组的要素指标发生频次及相关程度统计指标进行比较，找出两组的差异特征，根据显著性差异特征，建立绩效优秀者胜任特征模型。这一方法的要点是：研究对象集中在业绩出色者身上，主要应用行为事件访谈法、访谈资料的主题分析法，将分析结果提炼为用行为性的专门术语描述的一系列胜任力。[①]

（2）绩效法

绩效法是通过定量分析的方法，识别有效的胜任力。这一方法主要集中于工作的目标、专业、团队小组，通过分析绩效来确定胜任力。应用绩效法获得胜任力主要采取下列步骤：第一，在组织胜任力模型研究中表述关于可能影响到工作、职位、团队或专业变化的外在因素；第二，遵循工作输出的菜单；第三，发展与工作输出联系的工作品质需求的菜单；第四，设计一系列工作胜任力或联系到每一个胜任力的指标；第五，通过工作输出的分析确定一系列工作角色发展；第六，设计发展胜任力草图。

（3）德尔菲法与专家评定法

德尔菲法是一种定性与定量相结合的方法，主要应用于预测分析。使用该方法首先要制定专家咨询表，并采取匿名的方式向广大专家征询关于指标评价的意见，并对咨询结果进行回收统计，在反复向专家咨询的过程中，使专家的意见趋于一致，最终确定一套用于预测评估的体系。通过CNKI主题检索"胜任力、德尔菲法"发现，使用德尔菲法进行胜任力构建的主要集中在卫生领域的医师、护士等岗位。其中，郜雅等[②]在基于德尔菲法的护理部主任胜任力测评问卷研制中确立了个人品质与素质、管理能力与技巧等胜任力模型一级条目；决策能力、重视质量与秩序、团队领导、沟通协调、培养人才等二级条目，说明专家认为

---

① 冯明，尹明鑫. 胜任力模型构建方法综述［J］. 科技管理研究，2007（9）：229-230，233.

② 郜雅，张健，杨辉. 基于德尔菲法护理部主任胜任力测评问卷的研制［J］. 实用临床护理学电子杂志，2018（19）：156-157，162.

具备这些特质对护理部主任胜任力的提高产生重要影响。吴超瑜等[1]在采用德尔菲专家咨询法后得出了五个与岗位胜任力理论相符的一级指标，确定建立麻醉恢复室护士岗位胜任力指标体系。

德尔菲法操作简便，花费时间少，人力成本低。同时德尔菲法所得预测结果是综合专家的看法，可以快速高效地获得行业内系统科学的判断。但是德尔菲法单是根据专家判断，具有一定成分的主观臆断，专家水平的高低，会直接影响到结果的科学性和准确性，所以在确定评价指标体系的构建原则时，要关注这一方法的局限性。

专家评定法在进行胜任特征提取时要根据不同研究内容的差异而确定不同的胜任特征，根据不同的胜任特征来选择由适用的人力资源专家、业内人士和本研究相关学术领域内的学者所组成的专家小组，专家小组充分完整地对胜任特征进行探讨研究后，将胜任力特征的选择和评价标准进行分析和删改，在分析和删改流程完成后得出最终胜任力模型的构建方法。实施专家评定法的一般程序如下：

首先，查阅国内外期刊文献和相关研究进而分析文献，在分析后收集胜任特征因素，再对收集到的胜任特征因素进行完善和筛选；其次，访谈研究目标工作范围内的工作表现优秀的人员，并对访谈对象的领导、同事和下属进行访谈，以此提取新的胜任力特征；再次，编制问卷来调查所研究工作领域内优秀绩效者的胜任特征因素，通过对特征因素的统计分析选出频率最高因素的特征作为胜任力特征；最后，成立专家小组，专家小组充分完整地对胜任特征进行探讨研究后来完善胜任特征因素。在整个评定程序中，核心工作是选择专家小组，胜任特征效度水平的高低建立在专家小组成员选择的基础上。最后，在上述研究流程完成的基础上编制并发放相关调查问卷，在对问卷进行分析核查后调整相关胜任特征因素，完成胜任人力模型的构建过程（贾建锋，赵希男，温馨，2009）。

专家评定法与德尔菲法都有优点和缺点，比如专家评定法的最主要的优势就是对于被评人的专业水平和实践性要求较高，缺陷是素质特征

① 吴超瑜，徐蓉，刘尚昆. 麻醉恢复室护士岗位胜任力指标体系的构建［J］. 护理学报，2018（12）：17-21.

评判受人为因素影响可能性大。

（4）问卷调查法

问卷调查法是构建胜任力模型的常见方法之一，主要根据被调查者的身份、工作内容、心理评估等方面设计调查问卷；也可以通过查阅相关的文献及行为事件访谈确立胜任力条目；或是通过设计开放式、半开放式问题让调查对象做出书面回答。满田田[1]通过运用问卷调查法来设置对比实验，运用心理学的有关知识，结合小学语文教师的心理特征来设置问题，最终取得研究所需要的材料和数据。蒋陆娟等[2]通过对江苏省1 330名乡村医生进行问卷调查，结合相关文献基础，得出了乡村医生胜任力、医患关系与工作满意度关系模型。

问卷调查法具有高效率、低成本、信息获取多等优点，匿名调查的方式能使调研对象消除顾虑，更加开放客观地表达观点。问卷中的各条目和整体问卷的信效度分析是该种方法成败的关键，但由于广泛地发放问卷，难以保证每份问卷的质量。

（5）层次分析法

层次分析法是美国运筹学家A.L.Saaty于20世纪70年代初期提出的一种定性和定量结合的系统分析方法，层次分析法在项目评价中运用起来比较灵活，易于理解，并且具有一定的精度。层次分析法能够把复杂的问题分解为各个组成因素，通过两两比较的方式确定层次中各因素的相对重要性，然后通过综合判断以决定因素的重要性排序。[3]该方法将定性分析与定量分析有效结合，既考虑到定量方法的客观性又认识到定性方法的过度主观性，是分析复杂多目标决策问题的重要方法，也是最常用的方法之一。[4]

层次分析法综合了定性和定量分析、模拟人的决策思维过程，以解决多因素复杂系统，特别是难以定量描述的多目标、多方案问题。层次

---

① 满田田. 小学语文教师胜任力模型的构建方法 [J]. 作文成功之路（下），2018（8）：45.
② 蒋陆娟，徐爱军，张倩，等. 基于结构方程的乡村医生胜任力、医患关系与工作满意度关系模型研究 [J]. 中国卫生统计，2018（4）：538-541，545.
③ 段会阳. 基于层次分析法的企业协同绩效评价指标体系的设计与应用 [D]. 青岛：中国海洋大学，2011：29.
④ 尚丽. 基于层次分析法的企业招聘途径的选择——层次分析法在Z公司选择招聘途径上的应用 [J]. 产业创新研究，2023（6）：161-164.

分析法在各个领域被广泛应用于综合评价、社会评价、经济评价以及科学决策当中，通过专家、操作人员的判断，对备选决策方案的优先顺序进行排序。层次分析法较好地弥补了专家调查法只能进行相关的定性分析，在涉及多指标、多方案、多维度、多影响因素的情况之下难以给出最优方案的不足，而且层次分析法恰好能够利用专家调查法所得出的针对特定问题的定性比较结果进行定量分析，从数学分析的角度，给出各个方案相比较的数量关系，从而为科学决策提供可靠的依据。

层次分析法的基本思路是，在综合分析、比较多个备选方案时，存在许多的困难，不便于做出最优决策，但是在两个备选方案当中进行选择就会简单明了得多，因此，从数学的角度寻找到层次分析法，使多方案的综合比较，过渡到各个方案两两之间的综合比较，从而解决多方案综合比较不易做出合理决策的问题。层次分析法的核心，是将方案参与者、相关领域的专家以及项目决策者等的经验进行量化处理，从而将原本定性的决策依据转化为定量形式的决策依据，形成定性分析与定量分析的结合，使分析、决策更加科学、严密。

层次分析法的分析步骤如下：

第一步：明确研究目的，即需要解决的具体问题。层次分析法的首要步骤就是要明确研究需解决的问题，准确定位问题范围，这一问题必须具有单一性，即目标层一般仅包括一个元素。①

第二步：建立层次结构。通常将问题中所包含的因素划分三个层次：最高层，即决策的目的，要解决的最终问题，也称目标层；中间层，即决策时需考虑的因素以及相关准则，也称准则层；最底层，即决策过程中的备选方案，也称措施层、方案层、因素层。

第三步：构造判断矩阵，并对判断矩阵进行归一化处理，即让判断矩阵每一列之和为1。②判断矩阵主要是通过两两比较来确定各指标间的相对重要性，层次分析法中通常采用9级标度法来给判断矩阵的指标赋值。

---

① 吕丹妮. 航天高科技企业人才招聘有效性研究［D］. 黑龙江：哈尔滨工业大学，2013.
② 丁晓燕. 基于层次分析法的高校图书馆学科服务评价模式——以某市理工大学图书馆为例［J］. 西部素质教育，2017（2）：21.

第四步：层次单排序及其一致性检验，首先计算归一化矩阵的权重系数，利用公式得出判断矩阵的最大特征值 λ_{max}，然后计算一致性指标 $CI = \dfrac{\lambda_{max} - n}{n - 1}$，其中 n 为判断矩阵的阶数，（CI=0，有完全的一致性；CI 越接近于 0，越具有满意的一致性，反之则反），最后引入随机一致性指标 RI，测算一致性比率 $CR = \dfrac{CI}{RI}$，当 CR<0.1 时，认为判断矩阵的不一致程度在允许的范围之内，可以通过一致性检验。

第五步：层次总排序。

第六步：层次总排序的一致性检验。

综上，用层次分析法对选择招聘途径问题进行研究，可以得出各种影响因素的相对重要性排序。层次分析法能将决策者的定性判断与定量计算有效地结合起来，分析结果具有简洁性、实用性和系统性，在简化选择招聘途径问题上是一种行之有效的方法。

除此之外，还有职能分析法和情景法。职能分析法的焦点是工作而不是工作中的个人，基于分析的过程，识别出一个职能或工作所要求的产出能力。职能分析法也称工作分析法，是在对工作活动和工作流程进行分析的前提下，结合不同职位之间的差异进行调整，评价该工作活动或流程的关键角色和能力，从而得出相应的胜任力特征。情景法是将所研究的岗位特色与社会环境结合在一起，强调关注环境的变化，分析出与组织环境息息相关的胜任力特征。这两种方法通常与其他胜任力模型构建方法结合使用。例如，在参考胜任力理论的前提下，谭啸[1]分析了广播电视技术人员的工作内容，并结合个性化的重点事件访谈获得了研究对象的任务细节，在此基础上构建了广电技术岗位任务模型。靳瑾等[2]综合运用行为事件访谈、问卷调查法、德尔菲法、工作分析法、情景法等方法对卫生领域的胜任力模型进行构建，提出建模方法应本土化和多维化。

职能分析法能够剔除个人的影响，从工作职能本身进行研究。该方

---

① 谭啸. 广电技术岗胜任力模型构建研究 [D]. 扬州：扬州大学，2014.
② 靳瑾，晓路，瞿长宝，等. 卫生领域胜任力模型构建方法综述 [J]. 中国医院，2017（11）：78-80.

法能够深层次考虑工作特点和职能要求，有利于工作本身信息的获取。但该法注重工作水平，难以应对变化的情景，忽视了个人的能力与团队合作所产生的结果。情景法可以研究在组织文化及具体的背景下所需的胜任力条目，使最终的胜任力条目体现出组织文化的精髓和环境适应性。情景法认为，不同的工作环境对所需的胜任力要求不尽相同，它更加注重工作的动态性。因此从个体的角度来看，人的继续学习和发展的能力是非常重要的。所以在确定指标体系时，应该注意应用型人才的适应能力。

4 基于数据挖掘的旅游应用型卓越人才胜任力的需求研究

随着大数据时代的到来，数据的规模不断扩大，种类不断增加，大数据技术也得到广泛推广和应用。大数据的发展对各行各业都产生了巨大的影响，主要表现在以下几个方面：在金融行业，大数据技术可以帮助金融机构更好地了解客户需求和投资市场趋势，提高风险控制和决策效率；大数据可以用于信用评估、欺诈检测、投资分析等方面。在零售业，大数据技术可以帮助零售企业更好地了解消费者需求和购买行为，提高产品销量和满足客户需求；大数据可以用于客户分析、商品推荐、促销策略等方面。在制造业，大数据技术可以帮助制造企业更好地了解生产过程和产品品质，提高生产效率和产品质量；大数据可以用于质量控制、设备监测、供应链管理等方面。在医疗行业，大数据技术可以帮助医疗机构更好地了解患者病情和治疗效果，提高诊断和治疗效率；大数据可以用于病例分析、医学影像诊断、药物研发等方面。在教育行业，大数据技术可以帮助教育机构更好地了解学生学习情况和教学效果，提高教学质量和学生满意度；大数据可以用于学生成绩分析、学习行为分析、个性化教育等方面。

互联网技术的发展与应用为劳动力市场研究提供了全新的信息收集渠道，运用互联网收集劳动力大数据具有动态、及时的特点，能够用来分析传统调查数据无法解决的问题。研究者们也开始借助工作描述中的信息来进一步明确关键技能。对工作内容、岗位描述、职责要求等进行分析是理解和完成一项工作的必备条件，其对于教育者、求职者而言都有着重要的价值。

4.1　数据挖掘与人才胜任力需求分析的适切性

数据挖掘和人才胜任力特征研究之间存在紧密的关系。数据挖掘是一种从大规模数据集中提取有用信息的过程，可以用于分析和预测人才胜任力特征。数据挖掘技术可以识别和分析人才的行为模式、技能和经验，以及他们的能力和潜在价值。这些信息可以帮助企业更好地了解员工的胜任力特征，帮助学校更好地了解卓越人才的培养方向以契合市场需求，从而更好地培养他们。人才胜任力特征研究也可以为数据挖掘提供有价值的数据和信息，从而提高数据挖掘的准确性和有效性。因此，数据挖掘和人才胜任力特征研究相辅相成，共同推动企业人才管理和学校人才培养的同向发展。

4.1.1　大数据技术对人才胜任力研究的实际价值

（1）大数据技术对人才市场预测的作用

大数据对人才预测和需求预测具有重要的作用。通过对大数据的分析，可以发现人才和需求的相关规律和趋势，从而帮助企业更好地进行人才招聘和需求规划。具体来说，大数据对人才预测和需求预测的作用主要包括以下几个方面：一是人才预测，大数据可以帮助企业了解人才市场的供求情况、人才流动趋势、招聘渠道等方面的信息，从而更好地了解人才的类型、数量和质量。企业可以基于这些信息，制订更科学和有效的人才招聘和培养方案。二是需求预测，大数据可以帮助企业了解市场需求的变化趋势、潜在客户的需求、竞争对手的动态等方面的信息，从而更好地了解市场的需求和趋势。企业可以基于这些信息，制定更科学有效的产品规划和营销策略。三是匹配预测，大数据可以帮助企业了解人才和需求之间的匹配度、人才职业发展的趋势等方面的信息，从而更好地了解人才和企业的匹配情况。企业可以基于这些信息，制订更精准和有效的人才管理和使用方案。总之，大数据对人才预测和需求预测的作用非常重要，可以帮助更好地了解市场和人才的动态情况，制订更科学有效的人才招聘和需求规划方案。

（2）大数据技术对学校人才培养的作用

运用大数据进行人才需求分析可以帮助学校更好地了解人才市场的需求和趋势，制订更科学有效的人才培养方案，以满足社会和经济的需求，同时也可以提高学校人才培养的质量和水平。具体来说，一是分析就业市场需求，通过对就业市场的大数据分析，学校可以了解当前就业市场的需求和趋势，从而制订更科学有效的教育、培训和就业指导计划，帮助学生更好地适应市场需求，提高就业率和就业质量。二是分析学生就业竞争力，通过对学生个人信息、学习历程、实习经历等方面的大数据分析，学校可以了解学生的综合素质和就业竞争力，从而针对性地进行师生培养和课程设置，提高学生就业竞争力和就业前景。三是分析职业发展趋势，通过对市场趋势、行业发展和企业需求的大数据分析，学校可以了解不同行业的职业发展趋势，为学生提供更具有前瞻性的职业规划和发展方向，从而提高学生的职业竞争力。四是分析教育教学质量，通过对学生学习数据、教师教学数据、学校课程设置等方面的大数据分析，学校可以及时发现教育教学中的问题和不足，从而优化教育教学质量，提高教育教学效果，为学生提供更加优质的教育资源和服务。运用大数据进行人才分析对于学校培养人才具有重要的作用，可以帮助学校更好地把握市场需求和趋势，提高学生的就业和职业竞争力。

（3）大数据技术对企业人才管理的作用

数据挖掘技术帮助企业从大量数据中发现隐藏的人才模式和规律，提高人才数据的利用价值，支持企业人才决策和人才业务发展。因此，数据挖掘技术在企业人才发展中的应用越来越普遍，成为企业实现人才发展数字化转型和智能化发展的重要手段。在开发数据挖掘技术之前，需要对人才业务场景进行深入了解和分析，确定人才数据挖掘的目标和问题，选择适当的人才数据挖掘技术和方法，并进行数据预处理、模型构建和结果验证等步骤。同时，需要注意数据的隐私保护和安全性，确保数据分析的合规性和可靠性。在开发数据挖掘技术的过程中，需要综合运用统计学、机器学习、人工智能等多个领域的知识和技术。需要与多个部门和团队紧密合作，包括业务部门、数据部门、技术部门等，确保人才发展数据挖掘技术的开发和应用能够真正解决实际问题，提高企业的效率和竞争力。只有在充分考虑这些因素的基础上，才能够开发出符合实际需求的数据挖掘技术，并为企业带来实际的价值和效益。

4.1.2 基于数据挖掘的人才胜任力研究的可行性

运用数据挖掘进行人才胜任力的大数据分析有以下技术与方法：聚类分析、关联规则挖掘、决策树分析、预测建模、文本挖掘等。

聚类分析技术可以将相似的人才胜任力特征分为一组，以便更好地理解和管理人才。关联规则挖掘技术则是通过分析人才胜任力特征之间的关联关系，发现潜在的模式和趋势。决策树分析技术是通过构建决策树模型，预测不同人才胜任力特征对业绩的影响，并制定相应的管理和发展策略。预测建模技术是通过建立预测模型，预测不同人才胜任力特征对未来业绩的影响，从而提前采取相应的措施。文本挖掘技术是通过分析人才的简历、绩效评价和反馈等文本数据，了解他们的技能、经验和素质等方面的信息。这些数据挖掘技术可以用于分析和预测人才胜任力特征，帮助企业更好地管理和培养员工，提高业绩和竞争力。

运用数据挖掘进行人才胜任力研究的步骤：首先，要先收集数据，收集与人才胜任力相关的数据，如员工的绩效评价、培训记录、工作经验等。此外，还可以收集其他与人才胜任力相关的数据，如员工的社交媒体信息、项目经历等。其次，数据清洗，对收集到的数据进行清洗，去除无用或缺失的数据，确保数据的准确性和完整性。再次，数据探索，通过可视化工具（如散点图、直方图、箱线图等）探索数据，发现不同人才胜任力特征之间的相关性和趋势。之后进行数据预处理，对数据进行标准化、归一化、缩放等预处理，以便更好地运用数据挖掘技术。针对不同的问题和目标，选择适当的数据挖掘技术，如聚类分析、决策树分析、预测建模等，分析和预测不同人才胜任力特征的影响和趋势。最后，进行结果分析，对分析结果进行整合，发现人才胜任力特征在业绩和绩效方面的影响，制订相应的管理策略和培训计划。将分析结果应用于实际管理和培训中，不断优化和提升人才胜任力，提高企业业绩和竞争力。通过以上步骤，企业可以运用数据挖掘技术进行人才胜任力研究，更好地管理和培养员工，提高业绩和竞争力。

在运用数据挖掘技术进行人才胜任力研究时，可能会遇到以下难点和问题。第一，数据质量可能会影响分析结果的准确性和可靠性。因此，需要对数据进行清洗和预处理，确保数据的准确性和完整性。第二，数据的多样性和复杂性，人才胜任力的数据可能是多样的和复杂的，包括文本、图片、视频等多种形式。因此，需要针对不同类型的数据选择不同的数据挖掘技术。第三，数据的隐私保护，在运用数据挖掘技术进行人才胜任力研究时，需要保护员工的隐私权和数据安全。第四，模型的选择和验证，在选择模型时需要根据具体问题和目标进行选择，并进行模型验证，确保模型的准确性和稳定性。第五，结果的解释和应用，数据挖掘技术可以提供大量数据和信息，但如何对数据进行解释和应用是一个关键问题，需要结合实际情况进行分析和应用。以上难点和问题需要在实践中不断探索和解决，要综合考虑数据质量、数据类型、隐私保护、模型选择和结果解释等方面，提高数据挖掘技术的应用价值和实际效果。

本书主要使用预测建模技术进行旅游应用型卓越人才胜任力的规模分析与需求预测，使用文本挖掘技术进行旅游应用型卓越人才胜任力的特征与结构分析。

4.2 旅游应用型卓越人才胜任力的规模需求与预测分析

根据前面六类数据来源，本书分别对酒店应用型人才需求规模、旅行社应用型人才的需求规模、景区应用型人才的需求规模、导游应用型人才的需求规模进行预测与分析。

4.2.1 酒店应用型人才需求预测与分析

（1）灰色系统GM（1，1）模型预测

2000—2019年，全国星级酒店实际从业人数见表4-1。在灰色系统预测中，采用了全部20年的数据作为样本序列，但预测效果（预测2019年）明显不如Elman神经网络，Elman神经网络预测结果与实际值相差很小（-0.273%），灰色系统模型预测结果相差较大（4.8%）。经分析，是因为灰色系统预测是通过计算数据序列趋势，对数据进行拟合，如果采用2000—2017年的数据进行短期预测（2019年），灰色系统会认为2019年的大趋势根源来自2000—2017年这一期间，而离2019年较远的年份，对2019年的影响很小，关联度不大。经过实验，发现如采用2010—2017年期间的数据进行计算，误差可以缩小为2.2%（预测2019年的值具体为1 037 821人），如采用2014—2017年的数据作为样本，误差放大为12.7%（预测2019年的值具体为927 263人），经验表明，进行短期预测，样本量以不超过10个较为适宜。故每个年度的灰色预测采用的样本量均不超过10个。

表4-1　　　　　2000—2019年星级酒店从业人数统计　　　　单位：人

年份	2000	2001	2002	2003	2004	2005
就业人数	1 124 896	1 052 054	1 216 076	1 350 600	1 446 104	1 517 070
年份	2006	2007	2008	2009	2010	2011
就业人数	1 580 403	1 668 095	1 669 179	1 672 602	1 580 963	1 542 751
年份	2012	2013	2014	2015	2016	2017
就业人数	1 590 590	1 502 496	1 361 869	1 344 503	1 196 564	1 124 641
年份	2018	2019				
就业人数	1 025 435	1 061 600				

将2010—2019年的数据代入，使用软件计算，计算过程不再详细讨论，只给出结果：预测误差见表4-2和图4-1；后验差比：C=0.225，小概率误差：P=1，预测精度为1级，模型预测效果好。

表4-2　　　　星级酒店就业人数与预测人数对比（灰色系统预测）　　　单位：人

年份	2010	2011	2012	2013	2014
就业人数	1 580 963	1 542 751	1 590 590	1 502 496	1 361 869
预测人数	1 580 963	1 625 880	1 534 855	1 448 926	1 367 808
相对误差	—	5.39%	-3.50%	-3.57%	0.44%
年份	2015	2016	2017	2018	2019
就业人数	1 344 503	1 196 564	1 124 641	1 025 435	1 061 600
预测人数	1 291 231	1 218 942	1 150 699	1 086 277	1 025 462
相对误差	-3.96%	1.87%	2.32%	5.93%	-3.40%
平均误差	3.38%				

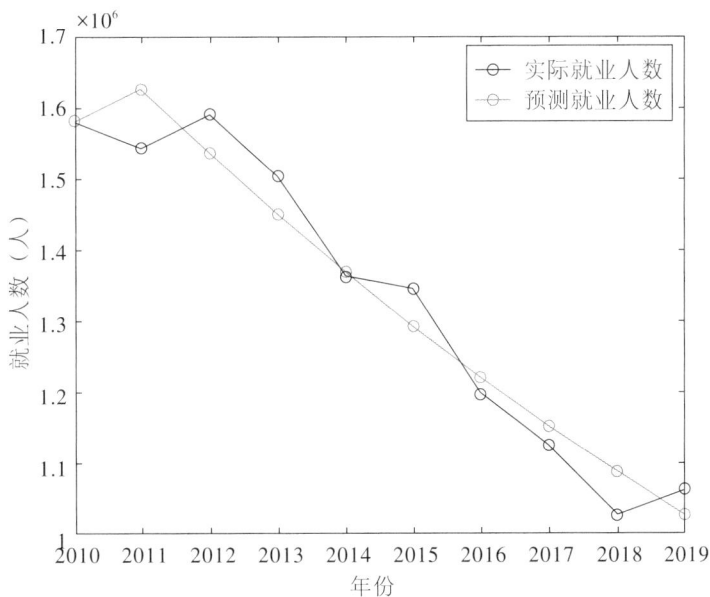

图 4-1　星级酒店从业人数实际数据与预测对比

预测 2020—2023 年的星级酒店人才需求量，见表 4-3。

表4-3　　　2020—2023年星级酒店人才需求预测（灰色系统模型）

年份	2020	2021	2022	2023
预测人才数（人）	968 051	913 855	862 693	814 395

2004—2019 年，全国住宿业（为限额以上住宿单位，即年主营业务收入 200 万元及以上）从业人数见表 4-4。

表4-4　　　　　　2004—2019年住宿业从业人数　　　　　　单位：人

年份	2004	2005	2006	2007
就业人数	1 282 173	1 529 270	1 622 802	1 744 142
年份	2008	2009	2010	2011
就业人数	1 998 667	2 000 484	2 108 179	2 156 638
年份	2012	2013	2014	2015
就业人数	2 107 502	2 094 185	1 979 000	1 911 615
年份	2016	2017	2018	2019
就业人数	1 863 303	1 820 851	1 780 363	1 819 634

如果将这 10 年的原始数据作为序列输入，预测误差见表 4-5 和图 4-2；后验差比：C=0.233，小概率误差：P=1，预测精度为 1 级，模型预测效果好，所以可以应用灰色系统模型进行预测，2020—2023 年住宿业人才需求预测见表 4-6。

表4-5　　住宿业就业人数与预测人数对比（灰色系统预测）　　单位：人

年份	2010	2011	2012	2013	2014
就业人数	2 108 179	2 156 638	2 107 502	2 094 185	1 979 000
预测人数	2 108 179	2 155 262	2 100 286	2 046 713	1 994 506
相对误差	—	-0.06%	-0.34%	-2.27%	0.78%
年份	2015	2016	2017	2018	2019
就业人数	1 911 615	1 863 303	1 820 851	1 780 363	1 819 634
预测人数	1 943 631	1 894 053	1 845 740	1 798 660	1 752 780
相对误差	1.67%	1.65%	1.37%	1.03%	-3.67%
平均误差	1.43%				

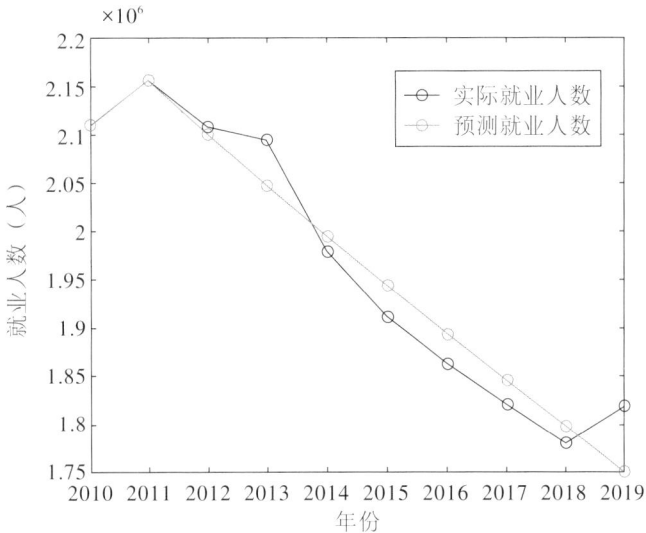

图4-2 住宿业就业人数实际数据与预测数据对比（灰色系统模型）

表4-6 2020—2023年住宿业人才需求预测（灰色系统模型）

年份	2020	2021	2022	2023
预测人才数（人）	1 708 070	1 664 502	1 622 044	1 580 670

（2）Elman神经网络模型预测

把2000—2019年的从业人数作为原始数据，利用训练好的模型进行仿真预测，预测结果与实际值的比对见表4-7和图4-3，可见平均误差很小，真实值和预测值拟合得很好，预测2020—2023年星级酒店从业人数见表4-8。

表4-7 星级酒店就业人数与预测人数对比（Elman神经网络预测） 单位：人

年份	2005	2006	2007	2008	2009	2010	2011	2012
就业人数	1 517 070	1 580 403	1 668 095	1 669 179	1 672 602	1 580 963	1 542 751	1 590 590
预测人数	1 516 932	1 580 331	1 664 164	1 691 248	1 630 818	1 603 623	1 549 784	1 576 260
相对误差	−0.01%	0.00%	−0.24%	1.32%	−2.50%	1.43%	0.46%	−0.90%
年份	2013	2014	2015	2016	2017	2018	2019	
就业人数	1 502 496	1 361 869	1 344 503	1 196 564	1 124 641	1 025 435	1 061 600	
预测人数	1 505 777	1 365 499	1 347 632	1 193 717	1 125 018	1 024 853	1 063 192	
相对误差	0.22%	0.27%	0.23%	−0.24%	0.03%	−0.06%	0.15%	
平均误差	0.54%							

图4-3 星级酒店从业人数实际数据与预测数据对比（Elman神经网络预测）

表4-8 2020—2023年星级酒店人才需求预测（Elman神经网络预测）

年份	2020	2021	2022	2023
预测人才数（人）	998 235	921 962	829 760	836 612

因为住宿业的样本数据量较小，为防止过度拟合，本次没有采用Elman神经网络进行住宿业的数据预测（上年度住宿业采用了Elman神经网络，实际效果明显不如灰色系统模型）。

（3）两种模型对比

对于星级酒店人才需求预测，灰色系统模型平均误差为3.38%；Elman神经网络的平均误差为0.54%。两者对2020—2023年的预测见表4-9，从表4-9中可以看出，对于星级酒店，两者的预测有一定的差别，但总体趋势一致，且差别在可以接收的范围内；考虑到灰色系统模型在单独预测星级酒店数据时误差就较大，而Elman神经网络模型预测星级酒店数据误差较小，优于灰色系统模型，且从上年度两种预测结果与2019年实际数据验证效果来看，Elman神经网络模型精确度高于灰色系统模型，这说明在星级酒店的预测上，Elman神经网络模型优于灰色系统模型。

表4-9　　　　　2020—2023年星级酒店人才需求预测
（灰色系统模型与Elman神经网络对比）

年份	2020	2021	2022	2023
灰色系统	968 051	913 855	862 693	814 395
Elman神经网络	998 235	921 962	829 760	836 612
相差百分比	3.02%	0.88%	−3.97%	2.66%

从表4-8和表4-9的预测数据来看，星级酒店的就业人数逐年减少（除Elman神经网络方法预测2023年从业人数比2022年稍有增加），没有提供新的工作岗位，但这不意味酒店企业不需要职业院校培养人才，这是因为：一方面，星级酒店和限额以上住宿业在整个住宿业市场中占比不大，仅仅靠这两者的统计数据，无法认识整个中国住宿业市场的全貌，在各种鼓励民宿发展政策的持续利好下，民宿业市场发展持续向好。《中国旅游民宿发展报告（2019）》显示，截至2019年9月30日，民宿数量达到16.98万家，相比2016年的逾5万家增长了217.06%，民宿管理人才紧缺。另一方面，酒店企业的员工流失率高，人才供需缺口较大。因此，职业院校应根据酒店业、住宿业、民宿业的市场需求变化，调整专业设置和课程体系，开设民宿管理等相关专业。

4.2.2　旅行社应用型人才需求预测与分析

（1）灰色系统模型

表4-10中的数据为2000—2019年这20年间全国旅行社的就业人数。选取2010—2019年的数据，则后验差比为C=0.310，小概率误差为P=1，预测精度为1级，可以用于预测旅行社的人才需求。使用编制的程序计算后，相对误差见表4-11和图4-4。

表4-10 　　　　　2000—2019年旅行社从业人数统计　　　　　单位：人

年份	2000	2001	2002	2003
就业人数	164 336	192 408	229 147	249 802
年份	2004	2005	2006	2007
就业人数	246 219	248 919	285 917	307 977
年份	2008	2009	2010	2011
就业人数	321 655	308 978	277 262	299 755
年份	2012	2013	2014	2015
就业人数	318 223	339 993	341 312	334 033
年份	2016	2017	2018	2019
就业人数	346 219	358 873	411 384	415 941

表4-11 　　　　　旅行社实际就业人数与需求预测对比

（灰色系统模型预测）　　　　　单位：人

年份	2010	2011	2012	2013	2014
就业人数	277 262	299 755	318 223	339 993	341 312
预测人数	277 262	300 683	312 309	324 385	336 928
相对误差	—	0.31%	-1.86%	-4.59%	-1.28%
年份	2015	2016	2017	2018	2019
就业人数	334 033	346 219	358 873	411 384	415 941
预测人数	349 955	363 487	377 534	392 139	407 302
相对误差	4.77%	4.99%	5.20%	-4.68%	-2.08%
平均误差	3.31%				

最终的全国旅行社2020—2023年的人才需求量预测结果见表4-12。

（2）Elman神经网络模型预测

将2000—2019年的全部数据输入训练好的模型，利用模型进行迭代仿真计算，可得2005—2023年的预测数据。其中2005—2019年的预测误差见表4-13和图4-5。2020—2023年旅行社人才需求预测数据见表4-14。

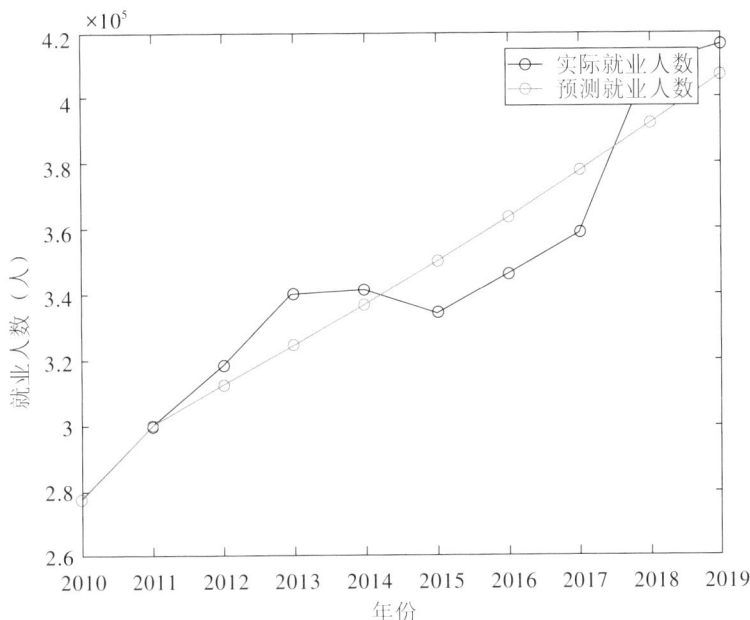

图4-4　旅行社从业人数实际数据与预测数据对比（灰色系统模型预测）

表4-12　2020—2023年旅行社人才需求预测（灰色系统模型预测）

年份	2020	2021	2022	2023
预测人才数（人）	423 050	439 408	456 398	474 045

表4-13　　　　旅行社实际就业人数与需求预测对比

（Elman神经网络模型预测）　　　　　　　　单位：人

年份	2005	2006	2007	2008	2009	2010	2011	2012
就业人数	248 919	285 917	307 977	321 655	308 978	277 262	299 755	318 223
预测人数	248 942	285 875	308 024	321 622	308 986	277 203	299 861	318 144
相对误差	0.009%	-0.015%	0.015%	-0.010%	0.003%	-0.021%	0.035%	-0.025%
年份	2013	2014	2015	2016	2017	2018	2019	
实际人数	339 993	341 312	334 033	346 219	358 873	411 384	415 941	
预测人数	339 981	341 363	334 134	345 994	359 081	411 308	415 849	
相对误差	-0.004%	0.015%	0.030%	-0.065%	0.058%	-0.018%	-0.022%	
平均误差	0.023%							

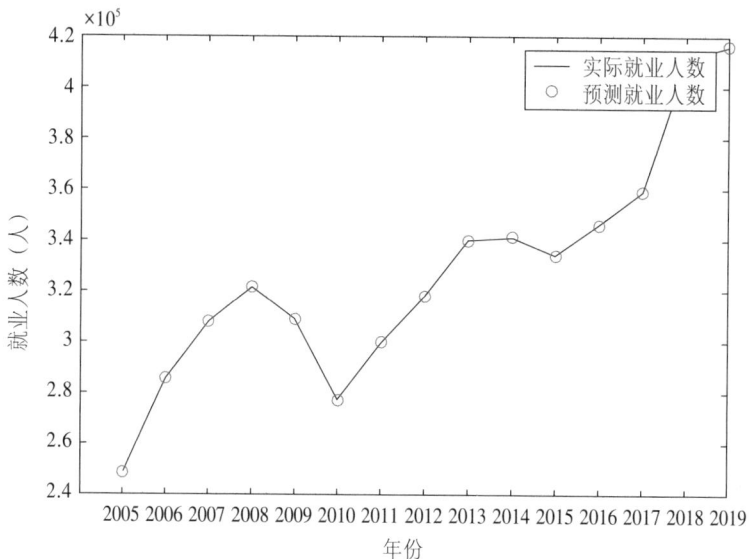

图4-5 旅行社从业人数实际数据与预测数据对比（Elman神经网络模型预测）

表4-14 2020—2023年旅行社人才需求预测（Elman神经网络模型预测）

年份	2020	2021	2022	2023
预测人才数（人）	423 985	429 008	451 019	483 493

（3）两种模型对比

在旅行社人才需求预测中，灰色系统模型平均误差1.94%；Elman神经网络平均误差0.023%。两者对2020—2023年的预测对比见表4-15，从表4-15中可以看出，两者的预测有一定的差别，但差别不大，由于Elman神经网络预测误差较小，所以取Elman神经网络预测结果作为2020—2023年旅行社人才需求的预测结果，见表4-16。

表4-15 2020—2023年旅行社人才需求预测
（灰色系统模型与Elman神经网络对比）

年份	2020	2021	2022	2023
灰色系统	423 050	439 408	456 398	474 045
Elman神经网络	423 985	429 008	451 019	483 493
相差百分比	0.22%	−2.37%	−1.18%	1.99%

表4-16　2020—2023年旅行社人才需求预测

年份	2020	2021	2022	2023
预测人才数（人）	423 985	429 008	451 019	483 493
新增旅行社岗位数（个）	—	5 023	22 011	32 474
新增旅行社岗位需要培养人数（人）	—	4 421	19 374	28 584

2019年旅行社经营管理专业高职院校共招生830人（中职本专业未招生），旅游管理专业高职招生71 820人，大部分院校该专业培养为旅行社方向，此批学生2022年毕业，按高职升学率16%，中职升学率70%计算，旅行社专业毕业生为22 243人，而2022年预测新增岗位中需职业院校培养的为19 374人，可以看出供给略大于需求，职业院校急需根据旅游产业转型升级和旅游企业创新发展的新趋势、新需求进行专业改革，培养旅游新业态发展需要的紧缺人才。

4.2.3　导游（包括领队）应用型人才需求预测与分析

导游（包括领队）近年来的具体就业数据《中国旅游统计年鉴》中没有提供，研究只能利用间接数据进行估算。鉴于2020年受疫情影响，导游（包括领队）纷纷失业，因此研究根据2019年从"前程无忧"人工检索及整理旅游类的招聘岗位数据分析，导游（包括领队）岗位约占总信息的4.94%，据此估计，导游（包括领队）占旅游总人才需求的5%左右。估算后，可以得出2020—2023年导游（包括领队）的人才需求量，见表4-17。

表4-17　2020—2023年导游（包括领队）人才需求预测

年份	2020	2021	2022	2023
预测人才数（人）	1 431 000	1 439 000	1 447 500	1 455 500
新增工作岗位（个）	—	8 000	8 500	8 000
新增岗位需培养人数（人）	—	7 042	7 482	7 042

2019年高职导游类专业共招生4 290人，中职院校导游专业招生1 755人，职业院校导游专业2019年共招生6 045人，此批学生2022年毕业，而2022年预测新增岗位中需职业院校培养的为7 482人。

4.2.4 旅游景区应用型人才需求预测与分析

2014—2018年A级景区的就业人数见表4-18，没有采用2014年之前数据的原因是，2014年之后每年景区的就业人数都比之前各年份多出了很多（2013年为237 961人，2014年为1 215 384人，2015年为1 229 239人，2016年为1 287 706人，2017年为1 300 945人，2018年为134 479人），推测2014年之后和2014年之前的景区就业人数的统计口径可能不一致。所以，研究基于2014—2017年连续5年的数据进行预测，数据样本较少，Elman神经网络模型不适用，但灰色系统理论恰恰适用于样本少、信息少的预测。经过计算得出表4-19，可以发现误差不大，后验差比为C=0.1772，小概率误差为P=1，预测精度为1级，说明可以应用灰色系统模型预测景区的人才需求。经过软件计算，得出表4-20。

表4-18　　　　　2014—2018年A级旅游景区就业人数

年份	2014	2015	2016	2017	2018
就业人数（人）	1 215 384	1 229 238	1 287 706	1 300 945	1 344 759

表4-19　　　　　　实际就业人数和预测人数对比

年份	2014	2015	2016	2017	2018
实际就业人数（人）	1 215 384	1 229 238	1 287 706	1 300 945	1 344 759
预测人才需求数（人）	1 215 384	1 237 249	1 272 141	1 308 016	1 344 904
误差	—	0.65%	1.21%	0.54%	0.01%
平均误差	0.6%				

表4-20　　　　　2020—2023年A级旅游景区人才需求预测

年份	2020	2021	2022	2023
预测人才数（人）	1 421 829	1 461 926	1 503 153	1 545 544
新增景区岗位（个）	—	40 097	41 227	42 391
新增景区岗位需培养人数（人）	—	35 293	36 288	37 313

2019年全国高职景区管理类专业共招生840人，中职共招生456

人、职业院校共招生 1 296 人，此批学生 2022 年毕业，而从表 4-20 的预测情况看，2022 年预测新增岗位中需职业院校培养的为 36 288 人。可见，景区人才需求远远大于供给，该专业人才培养规模需要扩大。

4.2.5 旅游新业态应用型人才需求预测与分析

根据文化和旅游部 2018 年 12 月发布的《关于提升假日及高峰期旅游供给品质的指导意见》，未来将着力开发文化体验游、乡村民宿游、休闲度假游、生态和谐游、城市购物游、工业遗产游、研学知识游、红色教育游、康养体育游、邮轮游艇游、自驾车房车游等 11 个旅游新业态。表 4-21、表 4-22 分别为 2018—2020 年的旅游新业态的招聘信息统计表。从两表的对比中可以看出，相比 2019 年，2020 年五种新业态的招聘人数均大幅下降。但房车旅游和民宿旅游恢复程度好于其他业态。本书以自驾房车游和民宿为例，预测该业态的人才需求。

表4-21　　2018年12月10城市旅游新业态需求信息统计表

岗位	房车旅游	民宿旅游	度假旅游	会展旅游	邮轮旅游
数量（个）	104	191	651	890	169

表4-22　　2019—2020年全年四大招聘网站旅游新业态需求信息统计表　　　　　　　　单位：人

年份	房车旅游	民宿旅游	度假旅游	会展旅游	邮轮旅游
2019	1 722	8 435	16 879	18 552	5 621
2020	439	2 845	1 985	1 699	1 032
相差	−74.51%	−66.27%	−88.24%	−90.84%	−81.64%
恢复	25.49%	33.73%	11.76%	9.16%	18.36%

《中国国内旅游发展报告 2020》显示，2020 年"房车露营、精致小团游、云导游"成为行业新特征关键词。房车旅行作为国内新兴的旅游方式，因为私密性及安全性的特点，在疫情期间快速被公众所接受。统计显示，租车预订单有 10% 左右的增长，其中，房车的在线租车成为热门选择。上汽大通房车科技有限公司 5、6、7 月份的订单数据与上年同期相比分别增长了 399%、220%、218%；订单总收入与上年同期相比

增长了257%。[①]根据智研咨询网发布的《2018—2024年中国房车露营地行业市场竞争格局及未来发展趋势报告》中我国2015—2018年房车露营地的数量，可以得到表4-23。利用灰色系统模型对今后若干年的营地数量进行预测（C=0.015，P=1，精度1级），结果见表4-23。

表4-23　　　　2015—2018年我国房车露营地数量统计表

年份	2015	2016	2017	2018
营地数量（个）	415	958	1 273	1 690

据测算，一个中等规模的露营地可实现200至400个直接或间接就业岗位，包括设计、制造、技术、服务、培训等。[②]如果按最少的200个岗位计算，2020—2023年，自驾房车营地可以提供的就业岗位和新增岗位见表4-24。

表4-24　　　　2020—2023年我国房车露营地数量预测表

年份	2020	2021	2022	2023
营地数量	2 936	3 891	5 159	6 838
岗位数量	587 200	778 200	1 031 800	1 367 600
新增岗位	—	191 000	253 600	335 800

从表4-24可以看出，未来几年，我国房车自驾游需要大量的专业人才，建议旅游类职业院校在旅游类专业中开设相关课程或开设新专业，进行专业人才培养，满足新业态的人才需求。

表4-25为2014—2019年民宿的数量，根据表4-25绘制折线图，如图4-6所示。因为2017年及之后的民宿数量爆发式增长，故灰色系统理论已经不适合此序列的预测。但从数据上可以看出，民宿业的发展近两年虽然放缓，但还是保持在高位，急需专业人才。

表4-25　　　　　　　　2014—2019年民宿数量[③]

年份	2014	2015	2016	2017	2018	2019
民宿数量（家）	30 200	42 658	50 200	200 000	210 000	169 800

---

① 中国旅游研究院. 中国国内旅游发展报告2020［EB/OL］.［2020-09-14］. http://travel.china.com.cn/txt/2020-09/14/content_76701643.html.
② 沈仲亮，邢丽涛. 我国自驾车房车旅游发展潜力巨大［N］. 中国旅游报，2016-07-06.
③ 2014—2016年数据为中商产业研究院的数据，2017年数据来自中国旅游协会民宿客栈与精品酒店分会发布的《2017年民宿产业发展研究报告》，2018年数据来自《2018中国民宿产业发展研究报告》，2019年数据来自社会科学文献出版社出版的《中国旅游民宿发展报告（2019）》。

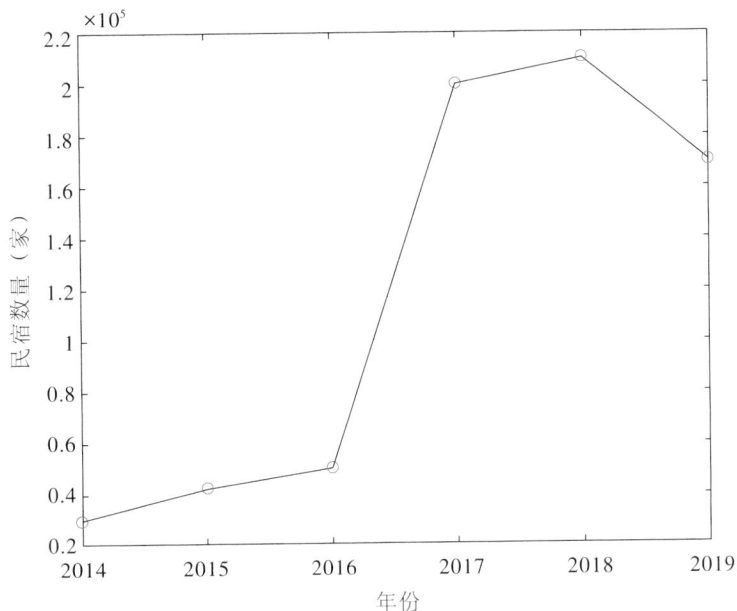

图 4-6　2014—2019年民宿数量变化

　　可见，房车自驾游、民宿业等旅游人才需求量较大。同时，随着文旅融合发展，互联网技术、人工智能技术等在旅游产业的深入运用，旅游企业更趋向于需要综合素质好、兼具跨界知识与技能的人才，这对旅游人才培养提出了新的要求。

4.2.6　小结

　　为了科学预测旅游应用型人才需求规模，为职业院校旅游类专业设置、招生计划制订、人才培养等提供依据，本章使用灰色系统模型和Elman神经网络模型进行预测，利用历年的中国旅游统计年鉴、中国统计年鉴、中国旅游业发展公报等官方数据以及网络抓取数据，对2020—2023年的职业院校旅游人才总量需求，以及酒店、旅行社、导游（包括领队）、景区的职业院校人才需求规模进行了预测。

　　总体来看，旅游应用型人才供给略大于需求，结构性矛盾依旧十分突出；星级酒店和住宿业（限额以上住宿）人才需求逐年下降，但民宿业需求增长较快，酒店管理类、导游（包括领队）毕业生总体供给与需求基本平衡，但是民宿管理人才、当地向导急需培养；旅行社人才供给大于需求，急需进行专业改革；景区专业人才供给小于需求，毕业生有较大的就业空间，可以适当扩大招生规模。疫情期间，"房车露营、精致小团游、云导游"等发展较快，新业态专业人才短缺，职业院校需加大旅游新技术人才、复合型人才的培养力度，满足旅游新技术、新业态发展对人才的需求。

4.3 旅游应用型卓越人才胜任力的特征需求与结构分析

随着大数据技术的发展，网络数据的快速性和规模性为获取人才胜任力的数据与信息提供了便捷的技术条件和实现空间。过去使用访谈法和调查法的研究文献较多。调查法通常会通过编制问卷向相关主体发放、举行专家论证会等方式进行胜任力特征的信息收集，以此为职业院校人才培养和企业人才资源配置提供决策方向。访谈法提前制定相关的访谈提纲，预约企业专家面对面交流，获取企业真实的人才需求。然而，单纯以调查问卷形式了解企业需求会受到调查问卷的质量、调查对象身份、调查对象认知态度等多种因素的影响，且问卷数量仅仅满足统计学意义，可能与实际情况存在差距。面对面访谈存在访谈对象代表性弱，访谈周期长，调查内容随意性大，消耗大量人力、物力、财力等局限，且以上两种分析方法都存在数据量小，区域性影响等问题。

劳动力市场的互联网大数据主要来自专业招聘网站与企业招聘网站。中国网络招聘行业分为综合招聘模式、社交招聘模式、垂直招聘模式、分类信息模式和新兴招聘模式五种典型模式。其中综合招聘模式目前在网络招聘中占据主体，市场份额超过60%，而综合招聘模式中最具代表性的企业是前程无忧和智联招聘[①]。有文献指出基于网络招聘文本和学科数据，挖掘"行业—岗位—知识—学科"的人才需求及供给分析

---

① 张俊峰. 国内招聘类网站的数据类岗位人才需求特征挖掘 [J]. 情报杂志，2018，6 (37)：176–118.

框架，对其他领域的人才供需分析具有借鉴意义[1]。企业在知名招聘网站发布招聘广告、招募优秀员工，已经成为企业招揽人才的主要渠道，招聘广告成为雇主对优秀员工相对完整、较为全面的文字性描述。在招聘过程中，填写的招聘信息可能只代表部分雇主的真正考虑，但是招聘广告中的工作内容、岗位描述、职责要求仍然在很大程度上反映雇主对某些行业某些岗位所期望的知识、技能和资质等。因此，这些信息对于教育者、求职者来说有着重要的使用价值，也为研究某一行业的人才胜任力创造新的数据资料。在这一背景下，运用网络爬虫技术从招聘网站上爬取并清洗得到行业劳动力市场招聘信息从而进行文本研究的方式逐渐流行，以此作为补充人才需求研究的基础数据之一。常见的招聘数据分析人才需求的研究方法主要有文本分析、聚类分类和信息抽取等。本书将通过爬虫技术收集中国"前程无忧"等网站上覆盖全国多个城市的6万多条旅游人才招聘信息，以此为基础数据提取关键信息，统计和分析劳动力市场对旅游应用型人才胜任力的特殊需求。

4.3.1　数据采集与处理

（1）研究设计

本节通过网络数据采集器采集不同旅游业态及岗位胜任力的招聘文本，选取代表性部分，使用 ROST CM6 软件分析。采用分词、词频分析、社会网络和语义分析网络等功能深入挖掘招聘信息，根据招聘信息的文本内容进行人才胜任力的差异分析，由此得出旅游应用型卓越人才胜任力关键特质。

（2）数据收集

旅游应用型卓越人才胜任力数据来源于主流招聘平台如 51job、智联招聘、58同城等知名网站，以某一时间节点直接观测雇主发布的招聘广告获得截面数据，利用网络爬虫技术将旅游类企业的主要岗位作为关键词，确定数据抓取范围，分别采集 2019 年 1—12 月、2020 年 1—12 月和 2021 年 1—12 月旅游企业发布及更新的招聘信息。虽然在采集过程

---

① 袁毅，陶鑫琪，李瑾萱，等. 基于招聘文本实体挖掘的人才供需分析——以人工智能领域为例［J］. 图书情报工作，2022，66（14）：101-118

中尽量避免了特殊符号等干扰信息，但是网络采集上来的信息仍然存在一定的杂质并且呈现非线性的特点，需要通过手动方式进行数据预处理。

（3）数据处理

第一，对四类网站所获取的数据信息进行清洗，删除用户名、部分广告信息等非招聘文本或者各种与本书主题无关且影响文本分析的数据。第二，对文本表述进行规范化处理。部分网站的招聘文本使用的语义字段不统一，这势必影响着数据分析的结果，遂对部分用词进行替换，对不同网站的专用名词进行统一化处理。如将"岗位要求"等字段替换为具有相同含义的"职业要求""任职要求"等信息。第三，删除表情符号、英文符号、数字等无法分析的字符。同时，根据招聘词典的构建和分类方法，将招聘信息中大量存在的岗位需求特征，比如学历、资质、专业、技能、素养等基于常用词典的分词很难提取出所需的专业词汇，通过样本特征选择、筛选高频词、添加语义近似词、添加数据源关键词等构建相对完整的招聘词典。该词典中主要包括学历类词语、专业词语、综合能力词语、专业知识词语以及工作经验类的词语。最终，从网站招聘文本中提取岗位名称、学历要求、企业性质、企业规模、薪资、工作地点、岗位要求等关键字段，共得到可用评论40 364条，如图4-7所示。

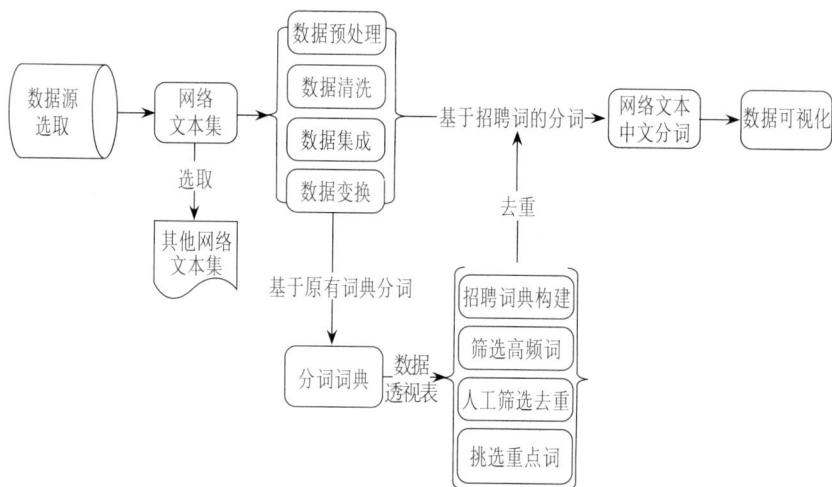

图4-7　基于中文分词的数据类岗位需求特征挖掘流程图

4.3.2 旅游应用型卓越人才胜任力的总体需求

本章节的实证研究对象是酒店行业和旅游行业主要工作岗位的胜任力。酒店行业所涉及的岗位有前厅、房务、餐饮、厨房、销售、工程、人力资源等，旅游行业所涉及的有导游、运营、销售、接待、计调、签证、营销等相关岗位。

（1）酒店类行业人才胜任力的总体需求

使用网络采集器抓取 2019—2021 年的数据可以发现，江苏省酒店行业人才胜任力的岗位需求受 2020—2021 年疫情影响，招聘数量呈现断崖式下降，排在酒店招聘岗位前六位的有前厅、餐饮、房务、厨房、人力、销售，如图 4-8 所示。其中人力岗位在 2021 年采集到的数据为 0，这些岗位的人才需求较大，可能通过内部招聘渠道解决人才缺口。相比其他岗位，人力和工程岗位始终呈现出招募规模小、人员流失率低等特点。疫情期间，前厅、餐饮、房务仍然是酒店行业人力总量的主要需求岗位。餐饮、厨房在 2021 年发生急速逆转，在酒店经济持续普遍低迷的情况出现了"用人井喷"，这和疫情期间酒店餐饮、厨房人才主动求变、积极面向社会餐饮市场的重大战略调整有极大的关系。相较于 2020 年，销售部门在 2021 年人才需求量小幅度增长，这说明酒店在面临巨大不确定的市场因素时，防疫酒店、社区酒店的成功市场转型在一定程度上已经形成风险抵御。

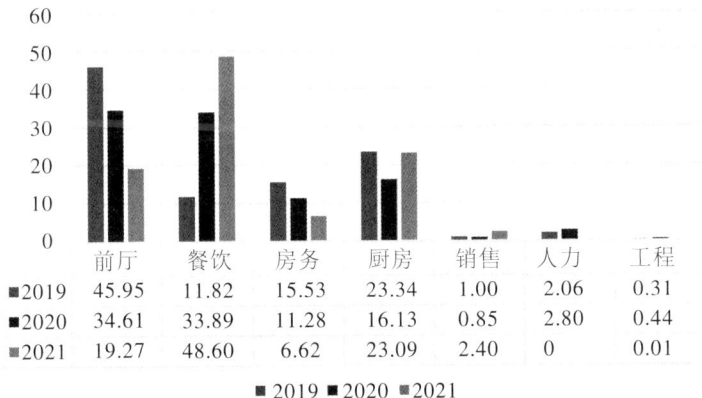

	前厅	餐饮	房务	厨房	销售	人力	工程
2019	45.95	11.82	15.53	23.34	1.00	2.06	0.31
2020	34.61	33.89	11.28	16.13	0.85	2.80	0.44
2021	19.27	48.60	6.62	23.09	2.40	0	0.01

■2019 ■2020 ■2021

图 4-8　江苏省酒店行业人才胜任力的岗位数量需求（单位：%）

在学历需求方面，高中学历的年度总量占比的变化幅度较小，近似趋于稳定。相比之下，大专、本科学历的年度总量占比在 2021 年有一定幅度降低，而初中学历占比有较为明显的增长。考虑到疫情期间酒店人员离职率较大，职业适应力难度系数增强，酒店行业招聘人才"被动低学历"的需求倾向较为明显，如图 4-9 所示。

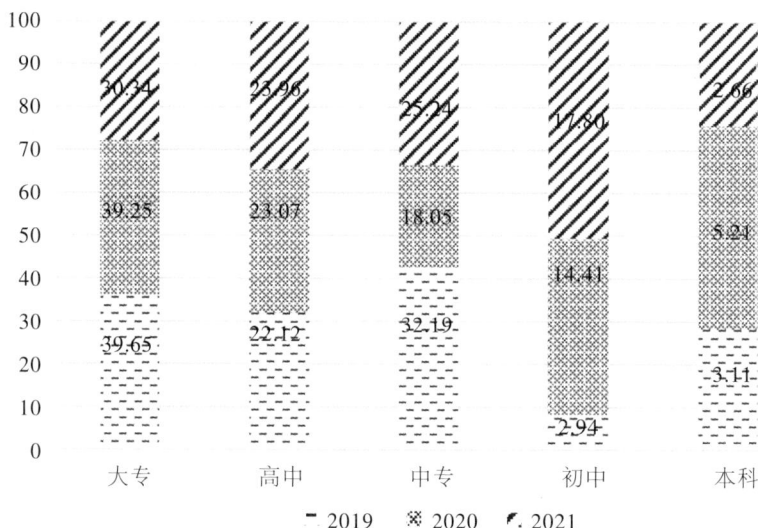

图 4-9　江苏省酒店行业人才胜任力的学历需求（单位：%）

（2）旅游类行业人才胜任力的总体需求

使用网络采集器抓取 2019—2021 年的数据可以发现，江苏省旅游行业人才胜任力的岗位需求受 2020—2021 年疫情影响，招聘数量呈现小幅度下降，排在旅游行业岗位前五位的有演艺、签证、销售、计调、导游，如图 4-10 所示。运营、接待岗位在 2019—2021 年招聘规模变化不大，较为平稳，受到疫情冲击力较小。而导游、签证岗位受疫情影响较大，据不完全统计，2021 年两类人才需求的年度总量占比分别以 2.47%、1.47% 的警戒数字几乎触及人才发展的谷底，也就是说导游人才和签证人才遭遇胜任力转型的迫切压力和风险挑战。相比其他岗位，计调和销售岗位有人才需求规模回升的趋势，这说明旅游产品转型、线路规模在业务拓展方面获得了新的进展。值得关注的是演艺人才需求量猛增，这与自媒体技术、云直播、互联网技术以及文化产业的蓬勃发展密切相关，也再次说明文旅融合与"旅游+"新业态发展给传统旅游行业带来新的时代机遇。

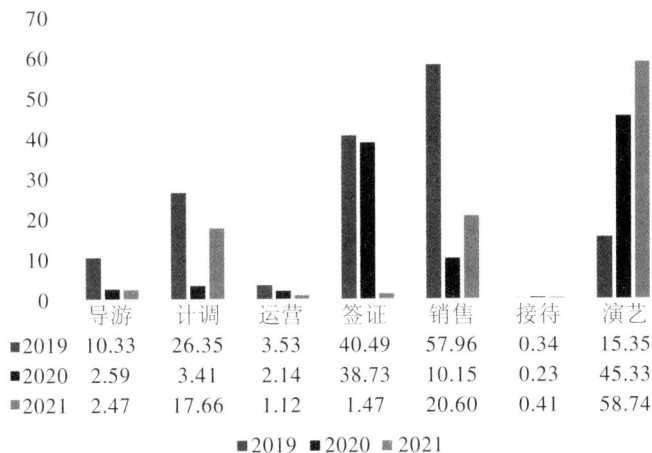

	导游	计调	运营	签证	销售	接待	演艺
2019	10.33	26.35	3.53	40.49	57.96	0.34	15.35
2020	2.59	3.41	2.14	38.73	10.15	0.23	45.33
2021	2.47	17.66	1.12	1.47	20.60	0.41	58.74

■2019 ■2020 ■2021

图4-10　江苏省旅游行业人才胜任力的岗位数量需求（单位：%）

江苏省旅游行业人才胜任力的学历需求方面，大专学历的年度总量占比的变化幅度较小，趋于稳定。相比之下，2020—2021年硕士、本科学历的年度总量占比有一定幅度降低，其中本科降低幅度较为明显，而中专、高中学历占比有较为明显的增长，如图4-11所示。疫情期间，大专学历层次适应不确定的风险变化较为适中，而居于前端的高学历层次出现较大的人才流失，旅游行业招聘人才"被动低学历"的需求倾向也较为明显。

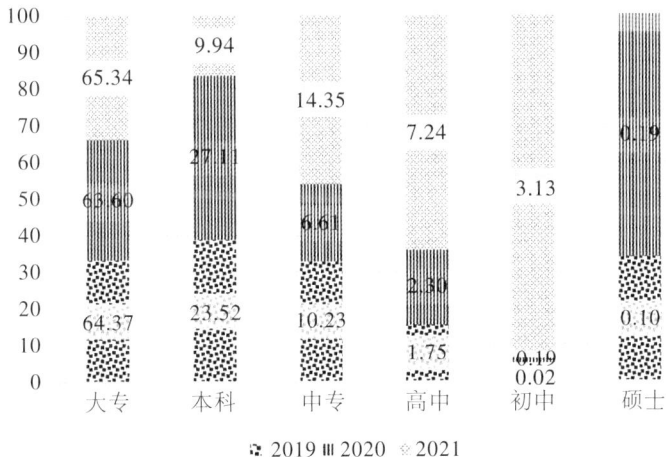

☆ 2019 ⫿ 2020 ✿ 2021

图4-11　江苏省旅游行业人才胜任力的学历需求（单位：%）

4.3.3 旅游应用型卓越人才胜任力的特质结构

本书对招聘信息汇总的反映人才的知识、能力、素质等方面的词语进行了词频统计，选择部分高频词对招聘信息中的知识、能力、素质的要求进行分析。招聘信息中高频关键词的提取为后续旅游应用型卓越人才胜任力的质性研究和问卷调研提供了相对客观的一手资料，其特有的市场洞察力和大数据技术为后续旅游应用型卓越人才胜任力深入研究奠定了基础。下面比较不同年度中高频关键词的变化以及不同旅游业态的中高频次词实质，得出基于大数据挖掘的旅游应用型卓越人才胜任力的初步结论。

（1）旅游应用型卓越人才胜任力的高频词分析

将抓取的招聘信息清洗后，利用中文分词技术加文本频次筛选出有效关键词296个。为了全面描述企业对旅游人才质量的要求，本课题采用"词频、词量、累计词频占比法"确定中高频关键词。选取频次≥680的关键词作为中高频关键词，其总频次占全部关键词总频次的82%，去除"69旅游管理""79相关专业""80微信"与胜任力特质相关度不大的关键词，共确定60个中高频关键词（见表4-26）。

表4-26　　　　　　　　　　　中高频关键词

序号	关键词	序号	关键词	序号	关键词
1	认真负责	21	谈判	41	总结
2	沟通能力	22	工作热情	42	理解
3	技能	23	身体健康	43	领悟
4	服务意识	24	写作	44	创意
5	客户关系	25	学习	45	设计
6	线上	26	团队	46	直播
7	销售	27	协作	47	数据
8	礼仪	28	应急能力	48	策划

续表

序号	关键词	序号	关键词	序号	关键词
9	办公软件	29	运营	49	推广
10	合作	30	咨询	50	判断
11	亲和力	31	管理能力	51	定制
12	人际交往	32	开拓	52	敬业精神
13	尊重	33	热爱工作	53	形象好
14	抗压能力	34	诚实守信	54	气质佳
15	专业知识	35	心理健康	55	积极向上
16	语言表达	36	组织能力	56	渠道
17	证书	37	创新	57	日语
18	英语	38	观察	58	思维敏捷
19	执行力	39	报价	59	勇于挑战
20	踏实肯干	40	性格开朗	60	结算

（2）旅游应用型卓越人才胜任力的年度特质分析

比较2019年、2020年和2021年，招聘信息提取的旅游应用型卓越人才中高频关键词发生了显著的改变。2019年"网页、小语种、专业对口、人文知识、注意力、抗挫能力、服务技巧"七个关键词作为低频词被删掉；2020年"线上、直播"两个关键词出现频率很高；2021年增加了"报价、结算、定制、写作、谈判"这五个关键词。高频词的更迭变化，呈现以下特点：

一是旅游产业战略转型引发劳动力市场人才需求特质的变化。受疫情和市场的影响，旅游应用型卓越人才胜任力呈现出市场动态变化的新特点。如以旅行社为例，疫情期间许多旅行社和景区都开辟了网上商城、网上直播间、虚拟游等旅游网络营销，小规模、私密、自由的小型"私家团"成为跟团旅游的"新常态"。因此，定制、网络相关的高频词呈现小高峰。

二是在专业知识和技能层面更加注重实用性。"写作、文案、报价、结算、协助、协调"等高频词的出现凸显了人才在传统知识和技能的基础上需要增强贴合市场发展的实用技能的重要性。学以致用成为旅游应用型卓越人才胜任力发展的基本导向。

三是对人才的非认知能力以及思维层面更为看重，人才的技术素养要求急需增强。如"洞察、谈判、压力、独立、应变、思维"等高频关键词突出了培育人才高阶能力的重要性，"线上、平台、主播、直播"等高频关键词彰显了产业转型下技能型人才的数字素养需求在提升。

（3）旅游应用型卓越人才胜任力的岗位特质分析

抓取有效的招聘信息，分别对应的旅游大类的岗位有：旅行社—计调、旅行社—导游、旅行社—签证专员、酒店—前厅、酒店—餐饮、酒店—客房和景区—营销。

根据图4-12可知，旅行社—计调岗位人才胜任力要求：职业素养方面比较看重员工的服务意识、工作态度、创新开拓；职业能力方面比较看重员工的数字运营能力、营销能力、团队协作能力、对客服务能力和终身学习能力；专业知识方面比较看重谈判、结算等商务综合知识、办公软件、文字与沟通等表达能力。

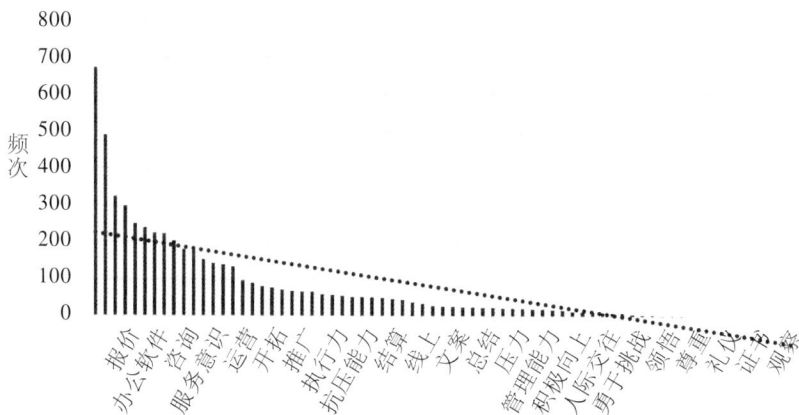

图4-12　旅行社—计调岗位人才胜任力的高频关键词

根据图4-13可知，旅行社—导游岗位人才胜任力要求：职业素养方面比较看重员工的服务意识、精神面貌、工作态度和数字素养；职业能力方面比较看重员工的团队协作能力、咨询服务能力、终身学习能力和组织能力；专业知识方面比较看重客户关系、商务渠道拓展、产品推广、活动策划和办公软件。

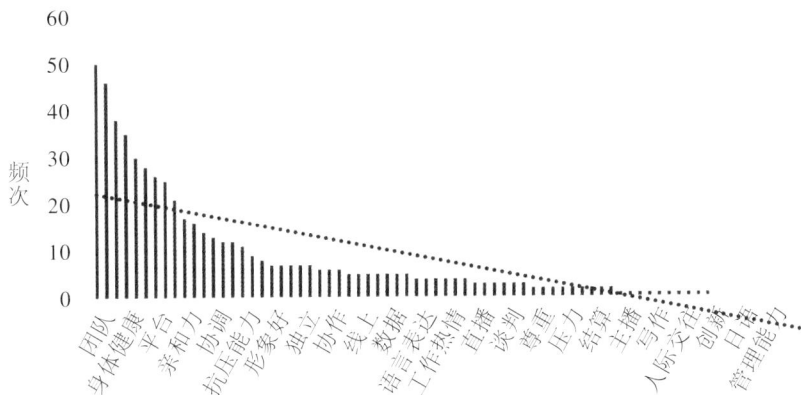

图4-13　旅行社—导游岗位人才胜任力的高频关键词

根据图4-14可知，旅行社—签证专员岗位人才胜任力要求：职业素养方面比较看重员工的工作态度、精神面貌和社会性人格；职业能力方面比较看重员工的数字运营能力、团队协作能力、终身学习能力和组织能力；专业知识方面比较看重策划设计、客户关系和商务推广的知识储备。

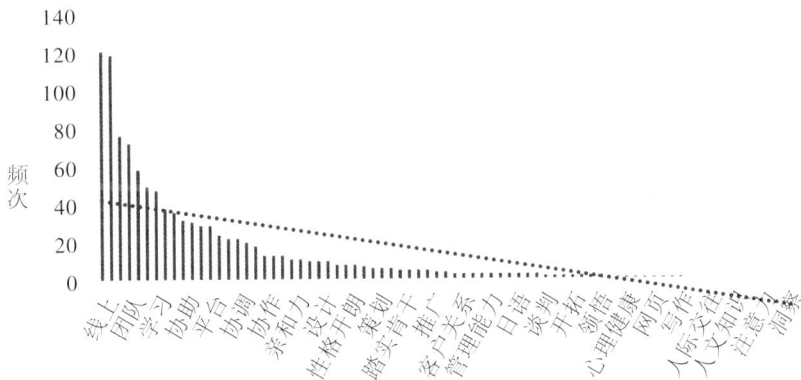

图4-14　旅行社—签证专员岗位人才胜任力的高频关键词

根据图4-15可知，酒店—前厅岗位人才胜任力要求：职业素养方面比较看重员工的精神面貌、工作态度、社会性人格和数字化素养；职业能力方面比较看重员工的语言表达能力、团队合作能力、人际交往能力和抗压协调能力；专业知识方面比较看重语言运用。

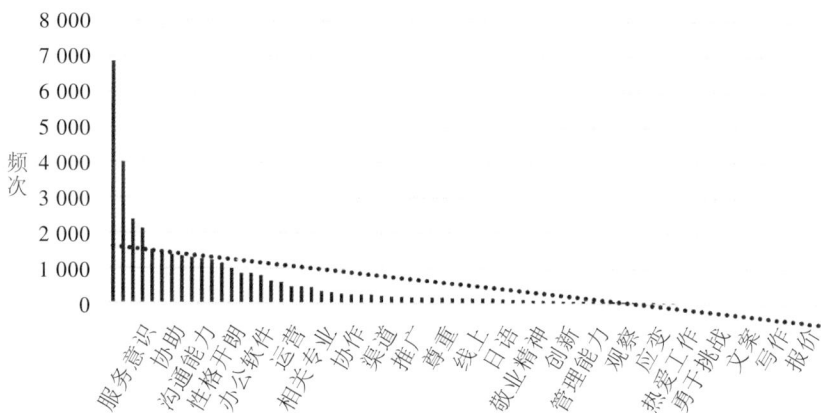

图4-15   酒店—前厅岗位人才胜任力的高频关键词

根据图4-16可知，酒店—餐饮岗位人才胜任力要求：职业素养方面比较看重员工的工作态度、精神面貌和数字化素养；职业能力方面比较看重员工的数字运营能力、团队协作能力和抗压协调能力；专业知识方面比较看重商务推广的知识储备。

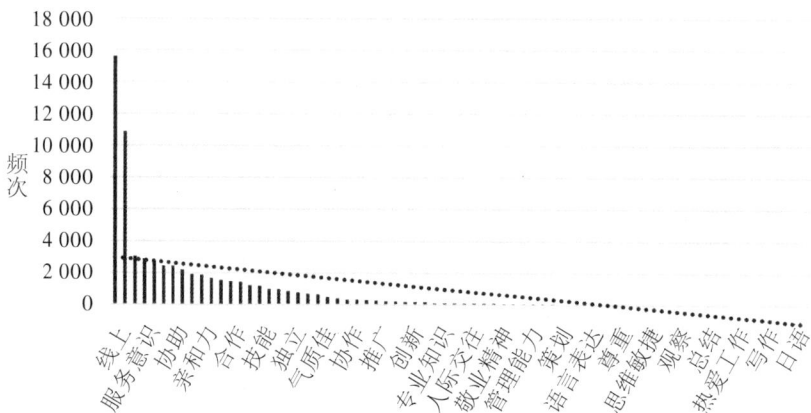

图4-16   酒店—餐饮岗位人才胜任力的高频关键词

根据图4-17可知，酒店—客房岗位人才胜任力要求：职业素养方面比较看重员工的服务态度、社会性人格和精神面貌；职业能力方面比较看重员工的数字运营能力、团队协作能力和沟通能力；专业知识方面比较看重商务运营的知识储备。

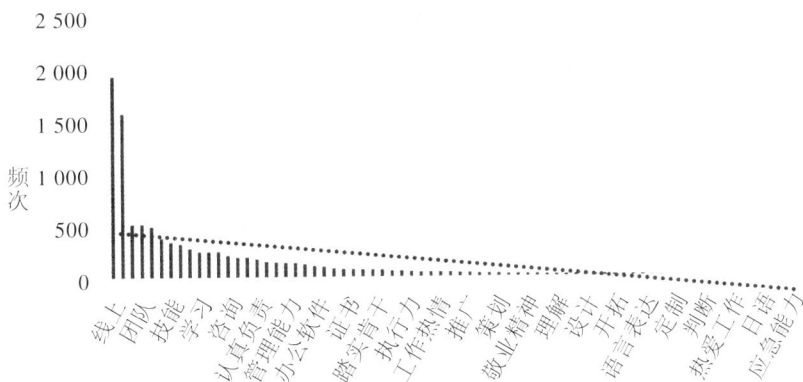

图4-17　酒店—客房岗位人才胜任力的高频关键词

根据图4-18可知，景区—营销岗位人才胜任力要求：职业素养方面比较看重员工的工作态度、精神面貌和社会性人格；职业能力方面比较看重员工的数字运营能力、团队协作能力和抗压协调能力；专业知识方面比较看重商务运营的知识储备。

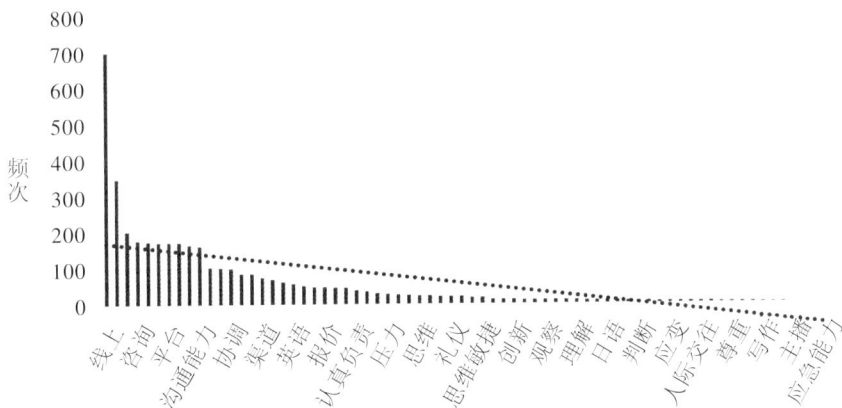

图4-18　景区—营销岗位人才胜任力的高频关键词

4.3.4　小结

通过对知名网站的大规模招聘信息的文本数据进行采集与清洗，对旅游应用型卓越人才的胜任力特征需求与结构进行维度划分，提取60

个重要的高频词。结合近几年的招聘文本信息的变化趋势，面向旅游行业不同的岗位，对所提取的高频词进行综合分析。

不难发现，随着人工智能发展、技能变革、社会不确定因素增多（如疫情影响），聘用新时代旅游应用型卓越人才时，企业更加看重其非认知能力、终身学习、创新思维、数字素养、实务知识以及行业横向发展、跨行业发展的能力。这部分的研究以第三方招聘网站的信息大数据为研究视角，在一定程度上填补了企业需求背景下人才胜任力大数据研究的空白，同时为后续研究奠定了相对客观的数据基础。

5 基于扎根理论的旅游应用型卓越人才胜任力的质性研究

　　旅游应用型卓越人才胜任力的内涵意蕴是提升旅游从业者人才质量的重要方面，探索旅游从业者知识、能力和素养的有效内核及其独特的发展路径是旅游行业研究者、管理者和实践者所共同关注的话题。原文化部编制出台的《全国文化系统人才发展规划（2010—2020年）》、原国家旅游局制定的《"十三五"旅游人才发展规划纲要》《关于加快发展现代旅游职业教育的指导意见》等一系列加强人才工作的政策和措施都说明行业人才培养是复杂工程。党的二十大报告提出，必须坚持科技是第一生产力、人才是第一资源、创新是第一动力。千秋基业，人才为先，习近平总书记多次强调"实施人才强国战略"。近几年来，文化与旅游行业发生了翻天覆地的变化，主要体现为：一是国内国际双循环推动文化与旅游产业从外延式增长向内涵式增长提质转变，从资源依赖型向创新驱动型转变。二是国内文旅融合，以文塑旅，以旅彰文，文化与旅游融合发展的体制机制在改革和磨合。三是新型旅游业态，新时代旅游机遇与挑战接踵而来，数字文旅产业驱动、文旅科学技术发展、文旅创意设计等新型蓝海释放了大量的市场价值，迅速实现文旅产业的新循环生态。同时，非遗经济、文博场馆经济、生态产业经济进一步刺激消费者的生活消费，引发消费增长的新动能。而这些都需要人才支撑为此添智聚力。

质性研究被认为是"以研究者本人作为研究工具，在自然情境下采用多种资料收集方法，对社会现象进行整体性研究，主要使用归纳法分析资料和形成理论，通过与研究对象互动对其行为和意义建构获得解释性理解的一种活动"（陈向明，2000）。其扩展和放大了我们观察被研究对象的视野，拓展和加深了我们对它的了解，从内部观察研究对象的生活常常会给研究者带来一些难得的观点。

质性研究具有探索社会现象、对意义进行阐释以及发掘总体和深层社会文化结构的作用。因此，在探究旅游应用型卓越人才胜任力的过程中，为了对研究对象和研究现象的原始资料进行"深描"，本书尝试通过细节呈现本质和文本研究，继而对资料中隐含的、有据可依的主题、特征以及主体之间的模式化规律进行分析，将它们系统、有序地呈现出来。将质性研究的研究范式纳入到研究过程中来，澄清观念，解释问题，除使用比较传统的、源自语言学的方法，如内容分析、话语分析等之外，还引入扎根理论等独特的分析方法，使质性研究向更加系统、精确、严格的方向推进。①

5.1　扎根理论与人才胜任力质性分析的适切性

扎根理论是1967年巴尼·格拉泽和安塞尔姆·施特劳斯提出的从资料中建立理论的特殊方法论。它反对在研究起始就提出假设，以及先入为主的观点，而是通过采集资料以及不断地比较、分析、归类，形成扎根于实际情况和情境的实质性理论。扎根方法包括一些成系列而又灵活的准则，即通过收集和分析质性数据，在数据中建构理论，如图5-1所示。

---

① 卡麦滋. 建构扎根理论：质性研究实践指南［M］. 边国英，译. 重庆：重庆大学出版社，2020：19-21.

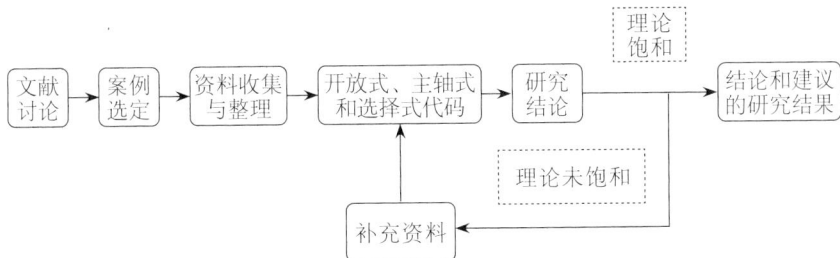

图 5-1 扎根理论研究流程设计

5.1.1 质性研究框架与扎根理论思路

扎根理论能够深入探究过程，指引、管理和排列收集的数据，为数据建构原创性的分析。通过大量的数据比较及编码成形数据分析，再辅助以备忘录或分析笔记，产生关于数据的想法。通过研究数据、比较数据、写备忘录，从而把最适合的和最能解释这些数据的想法定义为尝试性的分析类属。当分析类属和类属间所形成的关系成为概念工具时，提升了这些数据的抽象水平。随着比较和分析自己的类属，推动我们的研究进程。格拉泽和施特劳斯（Glasser and Strauss，1967；Glasser 1978；Strauss，1987）认为，数据收集和数据分析是同时进行的，从数据中而不是从预想的逻辑演绎的假设中建构分析代码和类属。使用不断比较的方法，包括分析的每个阶段都在比较。通过备忘录来完善类属，详细说明它们的属性以及定义类属之间的关系，发现它们之间的缝隙。在形成了独立的分析之后，再进行文献评述[①]。

为了探究旅游人才胜任力的核心要素，保证研究结果的可靠性，课题从具有代表性的、不同特质的被研究者的角度，基于他者视角或者自述立场，细致观察和分析旅游从业者的日常岗位工作内容、个人工作经历尤其是转型期或者特殊时期的工作经历、生活经历、求学背景等，试图发展出扎根于现实情境中的旅游卓越人才的胜任力特质模型。采用质性研究中扎根理论的研究方法，其结果较有探索性意味和行动指导价值。

[①] 卡麦滋. 建构扎根理论：质性研究实践指南［M］. 边国英，译. 重庆：重庆大学出版社，2020：21-23.

5.1.2 质性方法与量化方法结合

目前，两者结合的方式主要有整体式结合和分解式结合，各自分别有三种不同的设计（J.Maxwell，1995）。整体式结合主要有三种类型：一是顺序设计，两种方法的使用存在一个前后顺序；二是平行设计，两者针对研究内容的不同部分同时使用；三是分叉设计，在研究开始时先使用一种方法，然后在继续使用这种方法的同时使用另外一种方法。分解式结合也有三种类型，一是混合型设计，包括量化实验设计分析+质性资料收集与分析、量化实验设计+质性资料收集和量化统计分析、质性自然研究设计+质性资料收集和量化统计分析、质性自然研究设计+量化资料收集和量化统计分析；二是整合式设计，量化研究和质性研究在不同的层面同时进行，并且不停地互动；三是内含型设计，一种方法形成研究的整体框架，另外一种在这个框架中发挥作用。

两者的结合还呈现出以下三种新的趋势：一是将质性数据尽可能量化，通过内容分析将近5年的参与观察资料量化，然后用统计分析来检验理论假定。二是方法论多元，在应用研究过程中，通过核心概念的测量模型，把质性研究和量化研究结合在一起。三是量化研究通过质性研究打开黑箱。如量化方法对纵向调查数据进行分析，衍生出对核心概念的质性研究。

前期通过大数据招聘信息文本提取若干旅游应用型卓越人才的高频关键词，形成人才胜任力的高频词词库。后期将通过高频词词库、深度访谈、案例事迹、文献分析形成初步旅游应用型人才胜任力模型，编制旅游人才胜任力的问卷。为更好厘清旅游人才胜任力的核心要素，培养高素质应用型人才，推进职业教育进一步发展，在大数据高频词和问卷调查分析中，加入了质性研究方法，深入挖掘旅游卓越人才的核心素养的基本内涵与本质特征，构建胜任力的理论模型，并且在不断比对、反复探究的过程中阐释旅游卓越人才的内涵意蕴，以及新时代赋予其核心因素发生了哪些变化。

5.2　旅游应用型卓越人才胜任力质性研究设计

　　《中华人民共和国工种分类目录》对我国旅游业工作种类进行划分，比如：调酒师、客房服务员、前厅服务员、导游员等。旅游人才胜任力要素分析是建立旅游人才胜任力模型的基础。已有的研究探讨了我国旅游应用型人才的胜任力模型，如旅游人才胜任力界定文化知识、职业技能、思想素养和个人特质四个素质维度[①]；导游人才的胜任力模型包括职业形象、文化知识、职业技能和个人特质四个维度的12个特征[②]，也有的基于全国职业院校技能大赛高职组导游服务赛项评分标准确定技能型人才胜任力特征要素有知识储备、职业技能、外语能力和才艺运用四个维度[③]。美国劳工部以 Secretary's Commission on Achieving Necessary Skills（SCANS）为框架，将酒店一线员工胜任力界定包含一般特征、个性特征、工作胜任力等几方面。[④] 2000 年，美国大学和雇主协会对雇主的技能需求进行全国调查，最看重的 11 种技能依次是：沟通表达技能、工作动力/工作主动性、团队合作技能、领导技能、学业成就、人际交往技能、灵活性/适应性、技术技能、诚实/正直、职业道德和分析/解决问题技能。这 11 种技能中，只有学业成就、技术技能和分析/解决问题技能被视为认知技能，大多数都是非认知技能。雇主招聘劳动者时非常看重人际交往、沟通表达和团队合作等非认知技能，证实了非认知技能的重要价值。[⑤]经济合作与发展组织（OECD）的技能研究报告中提到非认知技能，又称为社会情感技能、软技能或人格技能，表现为个体在各种情境和背景下反映出来的思想、情感和行为一致的模式，通过环境变化或投资（正式或非正

　　① 瞿群臻，王萍. 我国旅游人才胜任力模型构建与应用研究［J］. 江苏商论，2011（10）：104-106.
　　② 鲍艳利. 导游人才胜任力模型构建实证研究——基于"一带一路"视角［J］. 技术经济与管理研究. 2018（2）：10-14.
　　③ 程兆宇，和段颖.高职院校导游专业技能型人才胜任力模型构建与应用研究［J］. 黑龙江高教研究［J］. 2022（12）：144-148.
　　④ 聂婷，胡喆华，张伶. 酒店业一线员工胜任力研究［J］. 中国人力资源开发，2011（6）：8-11，15.
　　⑤ 孙旭，杜屏，张言平. 非认知技能在劳动力市场的需求及其对高等教育供给的启示——以计算机程序员岗位为例［J］. 教育经济评论，2021（6）：43-63.

式的学习经历）得以发展，对整个生命周期的社会经济成果有重要影响的个人能力。这说明，非认知技能在新时代人才培养中越来越显得重要。

传统的人才培养通常会把教育（尤其是正式教育）作为培养的核心甚至是全部，而 Thomas N.Garavan（1997）的研究表明，在人才的实际成长过程中，其知识获取、技能锻炼以及综合能力的提升常常是教育（包括非正式教育）、培训以及用人单位的开发综合作用的结果。[①]强化文化和旅游行业未来发展需求的人才特征研究，尤其是旅游应用型卓越人才胜任力及其培育路径，可以对行业人才培养提出明确的导向与需求。

综上所述，目前对旅游应用型卓越人才胜任力的研究呈现多样化的趋势，对技能型人才的胜任力要素特征及其影响路径尚未形成共识，所呈现的结果趋同度不高。在研究方法方面，较多使用较为简单的定量研究方法，质性研究和与质性研究相结合的研究方法不多。对胜任力维度的深入分析不够透彻。因此，本书在一定程度上通过质性研究弥补上述不足。

5.2.1 研究对象

针对旅游应用型卓越人才胜任力的特质研究，本书选取 6 家南京高品质旅游企业和 3 家苏州高品质旅游企业的高层、中层、基层企业人员，展开人才胜任力理论模型与实践逻辑的深度访谈。所选取的企业具有较好的代表性和典型性，其中纯外资旅游企业 3 家，国有企业 4 家，外国资本委托中方管理企业 2 家，涵盖酒店行业和旅游行业的相关岗位，酒店主要有前厅、餐饮和客房等岗位；旅游行业主要有导游、营销等岗位。在经验抽样和理论抽样原则指导下，以 32 名高技能水平的企业优秀员工和中高层管理者雇主作为访谈对象，运用半开放问题的访谈法，围绕旅游应用型人才胜任力要素特征及其培育路径进行一对一的访谈。

---

① GARAVAN T N. Training, Development, Education and Learning: Different and Same? [J]. Journal of European Industrial Training, 1997, 21（2）: 39-50.

参与访谈的企业员工与管理者的基本情况如下：访谈者中有16名基层员工，11名中层管理者和5名高层管理者；从业年龄0～5年有4名，5～10年有6名，10～15年有12名，15～20年有5名，20年以上有5名；访谈人员所在单位的企业性质中，国际品牌委托管理11人，国有企业17人，私营企业4人；大部分受访员工具有大专及以上文凭，管理者具有本科及以上文凭；男性14人，女性18人。因此，本书在选取企业类型、性别、从业年龄、职务等级方面较为均衡，基本能够覆盖反映旅游应用型卓越人才胜任力组成要素的不同受访者观点。

选取应用型高技能人才案例样本来自历届中华技能大奖（1995—2022年）获奖者（旅游大类方向及相关）和全国技术能手（2005—2022年）称号获得者的事迹材料。胜任力人才地图包括官方发布的中华技能大奖、全国技术能手、大国工匠等，考虑与旅游大类、旅游相关的获奖者方向的辐射面和覆盖面，故选取中华技能大奖获奖者和全国技术能手称号获得者这两项先进事迹作为案例文本研究。通过案例文本分析对旅游应用型高技能卓越人才的能力素质等特质要素进行提炼，形成基于案例研究的旅游应用型卓越人才胜任力特质的验证和补充。

5.2.2　研究工具与数据收集

本书以"江苏旅游应用型卓越人才胜任力"访谈提纲为主要研究工具，以企业对高技能人才的胜任力诉求为研究的出发点，在访谈过程中让访谈对象描述对旅游应用型人才胜任力的认识，在工作任务、职业能力、专业知识、核心素养、职业道德等方面的要求以及各种实现的路径和通道等，旨在提取胜任力的核心要素和培育路径。在借鉴以往相关研究的基础上，拟围绕以下话题进行深度访谈：哪些方面构成了旅游应用型人才胜任力，旅游应用型人才胜任力中哪些是关键点，旅游应用型人才胜任力方面主要存在的问题有哪些，提升人才胜任力方面的建议，见表5-1。

研究者随后对深度访谈资料进行录音整理，将录音音频转换成文本

表5-1　　　　企业受访者A基本信息及研究者现场使用的访谈问题

编号	工作单位	性别	岗位	职位	从业年限
JSL-CY-1	国际品牌委托管理	女	行政酒廊经理	基层	10~15年
访谈问题	您认为哪些方面构成了旅游应用型人才胜任力？ 您认为旅游应用型人才胜任力中哪些是关键点？ 除上述内容，从您的从业经历来看哪些事件对您的个人职业成长有所帮助？给您带来深刻影响？ 您认为旅游应用型人才胜任力方面主要存在的问题有哪些？ 您认为提升人才胜任力方面的建议有哪些？				

资料。9家不同企业的访谈共分为5次采集，访谈人员达32人次，访谈录音总时长近17小时，转录后的文本资料约198 798字，加上采集其他的文本资料，约210 354万字。平均每位受访者的访谈时间为34分25秒，平均每位受访者转录的文本为8 157字，以便尽量准确、详尽地记录相关细节。

为进一步分析优秀旅游应用型人才的胜任力特质与一般旅游应用型人才胜任力特质的差异，并比较分析旅游应用型卓越人才的胜任力特质，本书将历届中华技能大奖获奖者和全国技术能手称号获得者（旅游大类方向及相关）的事迹材料作为典型文本，通过对案例的系统分析，总结归纳旅游应用型卓越人才的能力素质要素，以及对所归纳的高技能人才能力素质进行行为特征描述，建立特征词典。

5.2.3　研究方法与数据分析

本书采用扎根理论的研究方法，遵循归纳逻辑的路径，通过对所获访谈和案例文本材料的解读，聚焦、构建江苏旅游应用型卓越人才胜任力模型。扎根理论的策略是一种运用系统化的程序，针对某一现象发展并归纳导引出扎根理论的一种质性研究方法。其中，三级编码即开放性编码、主轴性编码和选择性编码，是分析和解释资料并生成理论的重要程序。研究使用Nvivo12.0作为数据与资料分析的编码工具，对研究资料进行三级编码。在编码过程中，首先采用开放式编码的方式，确定被研究者观点和事迹中的相关主题。随着编码过程的进行，越来越多相似的观点逐步出现，这时可以将开放节点转换成主轴节点，并通过对主轴节点下相关观点的分类，逐渐形成选择性编码，进而生成分析框架。

5.3 旅游应用型卓越人才胜任力的范畴提炼

本书采用程序化扎根理论的方法对资料进行质性分析，具体操作步骤为"开放性编码—主轴编码—选择性编码"。首先，在相互不影响的背景下，对33份访谈资料文字进行反复比对，重组分析，选取与研究主题密切相关的语句进行初步概念化，并对概念进行分类，进一步形成范畴。之后研究者充分讨论，结合文献研究，提取相同的编码内容，对不同的编码进行反复论证直至意见统一，咨询行业专家、高校教师等专业人士，形成相对统一的意见。在过程中剔除出现频次少于2次的无法范畴化的概念。编码框架与过程如图5-2和图5-3所示。

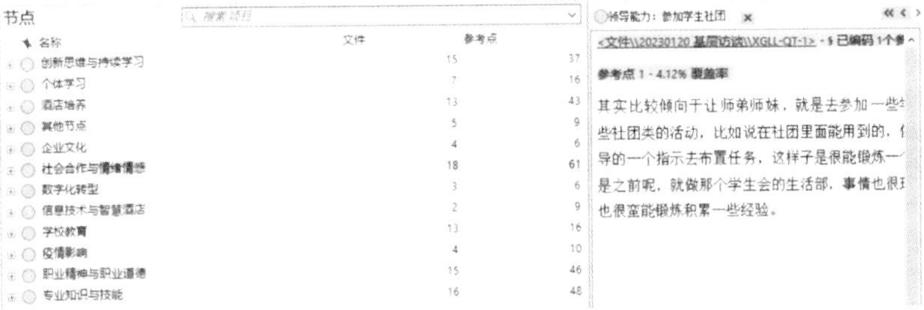

图5-2　人才胜任力的初始编码框架

图5-3　人才胜任力的初始编码过程

5.3.1　开放性编码

开放性编码首先是研究者前期收集到录音转文字原始资料进行逐字、逐句、逐行、逐段的分析，进行标签处理，之后再进行抽象形成初始概念。通过不断比较资料，将有关系的概念归纳成范畴。本书主要使用 Nvivo 12.0，首先按照开放式编码的要求对旅游人才胜任力原始访谈资料进行关键信息摘要，提取出与旅游人才胜任力有关的原始代表语句并建立自由节点，将原始资料逐步分解成不同类属的独立信息单元，得到诸如"你的工作态度从积极方面来说属于中上等，如果从心里不认可这个行业或者集团文化，那基本上很难做下去（WDM-QT-1）"等 377余条的原始语句，688 个初始参考点。

其次将原始资料抽象成概念，通过不断比较将数量庞大且语义交叉的关键语句进行分析、归纳后，形成 86 个初始概念。如"主动性"经由原始语句"做宾客服务，首先要有主动性，这些就是贯穿在整个我们的宾客关系里面的（DSH-QT-1）"归纳出来。最后对概念进一步进行聚焦和收拢，形成更具有指向性和选择性的初始范畴，如将"对顾客的情绪压力""对上级的经营压力""对考核的业务指标压力"进一步整合，总结为"企业员工的抗压能力"这一范畴。本书共通过开放式编码，最终得到 86 个概念和 46 个范畴。所得出的 46 个范畴，分别是遵章守纪、仪容得体、服务意识、爱岗敬业、奉献精神、踏实肯干、吃苦耐劳、文明礼貌、认真负责、积极向上、沟通能力、团队合作、识人善任、灵活自信、计划执行、应急处理、组织协调、观察判断、持续学习、广泛涉猎、反思总结等。为便于解释说明，我们将部分开放式编码的编码过程列在表 5-2 中。

表5-2　　　　　　　　开放性编码形成的范畴示例

范畴	概念	访谈资料中的原始代表语句
应急处理	投诉事件处理	涉及个人能力的培养，像我们酒店如果接到投诉，我们会第一时间交给值班经理。我们也会开设培训课，教会一个普通员工如何处理投诉。处理投诉其实是很锻炼和培养人能力的（XGLL-QT-1）

续表

范畴	概念	访谈资料中的原始代表语句
组织协调	上传下达	主管起到承上启下的作用。他会跟下面的员工聊一些指导性的问题，也会向上级、向经理反馈一些基层的意见（XGLL-CY-1）
适应能力	自我调适	人一定得有适应环境的能力，不要思索为什么不能像以前那样，而要想为什么不适应现有环境，你得接受现实并寻找新的突破和规律，不断调试自己（JL-3）
沟通能力	分享	我们的总经理会给员工做培训，他会给大家分享经验。因为每个人负责的板块是不一样的，大家肯定要分享，多沟通（DSH-CY-1）
认真负责	责任心	我们的工作非常需要责任心。如果没有责任心的话，肯定是什么事情都做不好的（SXY-KF-1）
数字媒体	新媒体制作	每个酒店都会有智能化和一体化系统，像我们说的做宣传工作，可以跟新媒体加强融合（SXY-KF-1）
系统操作	使用软件	比如说万豪系统，每个人有个ID账号，可以进行订单下货采购等操作。每隔一段时间，每个级别必须要线上学习一些课程（JSL-CY-1-（3））
仪容得体	礼貌礼节	员工第一次同客人接触，如果礼貌礼节做得不好，客人看到心里肯定不高兴。他会想我是客人，我是来消费的，为什么对我连一个微笑都没有（WDM-QT-1）
踏实肯干	工作韧性	工作一定要有韧性，现在刚毕业的学生，到酒店来实习了半年觉得不行就走了，换另外一个行业，从头开始。我一直跟我的员工说，酒店工作除了责任心和执行力，最重要的是有韧性（DSH-3）

续表

范畴	概念	访谈资料中的原始代表语句
关系建立	客户回访	我们尽量做到当接待每一位客人时，给他们准备欢迎水果，并及时打回访电话（DSH-QT-1）
注意细节	政府接待要细心	做政府接待的话需要更细心一些，会有比较细节性的要求。在做政府接待的时候，你是不允许出任何差错的（DSH-QT-1）
语言表达	客我交流	时时刻刻要跟客人交流，时时刻刻去洞察对方的心理，我要把我的想法去表达给客人听，让客人能够理解，我还要把我对客人说的话一一都去实现。这方面非常有挑战性，非常磨练人的耐力（NY-QT-1）
持续学习	知识学习	要具备学习能力，不断学习。除了本部门的产品知识，我还要学其他餐厅以及酒店其他部门的一些知识。因为当客人问你问题的时候是不定向的（LS-CY-1）
开拓创新	创意做法	创意耗费比较大，后来我们是跟DJ宾馆学的小米画，就是用不同颜色的沙子做成的画。你们看一下这张图片，人工成本很高，但是很有新意，客户评价很好（JL-CY-1）
	化逆境为机遇	争取这个隔离点是对抗疫情争取效益的一个方面，去年争取到了医疗人员的住宿，包了我们一栋楼（SXY-3）
	业务拓展	面对疫情拓展业务这一块做得比较多，我们提供盒饭和早餐包子，销售量突飞猛进（NY-3）

续表

范畴	概念	访谈资料中的原始代表语句
观察判断	察言观色	拥有察言观色的能力。一般请人吃饭，他把菜单推给他的客人，让客人点菜，那就说明今天这桌菜不会点得太好。如果一来就说，你们坐，我来点菜，就说明他已经想好今天的消费是多少钱了。我们有时会帮客人控制用餐量，提倡光盘行动。有的人会很感谢，但是有的人为了满足面子会生气（JL-CY-1）
反思总结	找规律	在一件事情里面找到规律、提升、总结，用一种研究的思维模式去看待一个职业，这是很难的。从正常的职业角度来看，找到职业规律需要在学习的过程中成长，在成长的过程中再学习，在学习的基础上再研究，研究完了总结，总结完了体验，最后建立一个模型（JL-HR-2）
勇于挑战	独立不依赖	送餐的时候，如果客人点餐不是特别多，服务员单独进房服务，有时会不够自信，有点胆怯。其实这一切都是因为自己的专业程度不够。实习生的依赖性比较强一点，就是会想依靠别人，但是在工作中是找不到别人依靠的，只能依靠自己（LS-CY-1）
抗压能力	对顾客的情绪压力	有时候碰到脾气不好的客人，你要忍耐（JSL-CY-1（3））
	对上级的经营压力	我们也有经营压力，也会有指标。比如我们的working指标，又如携程上面的分数不能低于多少（DSH-QT-1）

　　注：原始语句末尾的编码字母，第一组编码字母是企业名称，第二组是岗位职务名称，第三组数字是该企业第几位受访者。

5.3.2 主轴编码

主轴编码是在反复思考与比较概念、范畴类属之间关系的基础上，所形成的资料中各个部分之间的相互联系。根据施特劳斯的编码模型，通过 A 因果条件—B 现象—C 脉络—D 中介条件—E 行动/互动策略—F 结果，从而把资料范畴之间的关系统合起来。根据编码模型，本书将 36 个范畴进行归纳和总结，最终形成 5 个主范畴和 32 个副范畴。比如将"灵活应对""维护关系""注意细节"归纳为"客户服务"这一更为统合性的范畴。"爱岗敬业""踏实肯干"等可以归纳成"职业道德与精神"。涉及人际交往、抗压、合作、协调等需要与别人共同完成的、双方主体交互的能力，我们归纳为"社会情感与交往"。涉及"持续学习""反思总结"等复盘思维、终身学习，我们把它界定为"创造思维与学习"。各范畴代表的内容及相关数据分析见表5-3。

表5-3　　　**主轴编码各范畴代表的内容及相关数据分析**

主范畴	副范畴	材料来源	参考点	占受访者总数比例
职业道德与精神	职业认同	3	3	14.29%
	文明礼貌	3	5	14.29%
	服务意识	4	6	19.05%
	认真负责	3	7	14.29%
	爱岗敬业	8	9	38.10%
	踏实肯干	12	12	52.38%
专业知识与技能	语言表达	4	4	19.05%
	业务操作	3	2	14.29%
	客户服务	12	19	57.14%
	商品销售	3	3	14.29%
	关系建立	3	4	14.29%
	人文知识	2	1	9.52%

续表

主范畴	副范畴	材料来源	参考点	占受访者总数比例
社会情感与交往	环境适应	4	6	19.05%
	心理抗压	9	15	42.86%
	人际沟通	14	21	66.67%
	团队合作	4	8	19.05%
	随机应变	3	2	14.29%
	计划执行	4	4	19.05%
	应急处突	2	2	9.52%
	组织协调	3	3	14.29%
数字智慧与技术	系统使用	2	6	9.52%
	新媒体运用	3	2	14.29%
	办公软件	3	1	14.29%
	直播运营	3	2	14.29%
	信息检索	2	2	9.52%
	数据分析	2	1	9.52%
创造思维与学习	观察判断	6	8	28.57%
	持续学习	6	8	28.57%
	视野开阔	7	8	33.33%
	反思总结	4	4	19.05%
	开拓创新	4	6	19.05%
	勇于挑战	3	2	14.29%

不难发现，在比对不同职级访谈者时，越高层次的雇主越看重人才的职业道德，也有部分访谈者表述为"职业韧性"，中层管理的雇主较为看重的是社会情感、创新思维、持续学习的部分，也可以称之为非认知能力，而基层管理的雇主看重的是业务技能与操作层面。这也验证了哈佛教育研究院曾经的研究结论，人才在刚进入企业的发展早期即前5

年依赖业务能力、专业知识和技术，在发展中期即5~10年较多依赖人际交往、组织协作、情绪释压等，而在后期即10年后则更多看重职业精神、职业道德，这些方面效能发挥更为明显，也更具有正向影响的作用。人才胜任力本身是复杂的概念，并没有统一的判断标准和界定，但是通过不同访谈对象的观点比对，我们能够发现，在旅游行业发生翻天覆地变化的新时代，雇主对旅游应用型卓越人才胜任力的看法是长远的、可持续的和动态的，并不局限于某一项技能，而更多地从人才能动性、人才适应力、人才发展等方面选拔和培育人才，这也为实证研究和对策研究提供了较为客观的价值判断和路径导向，如图5-4所示。

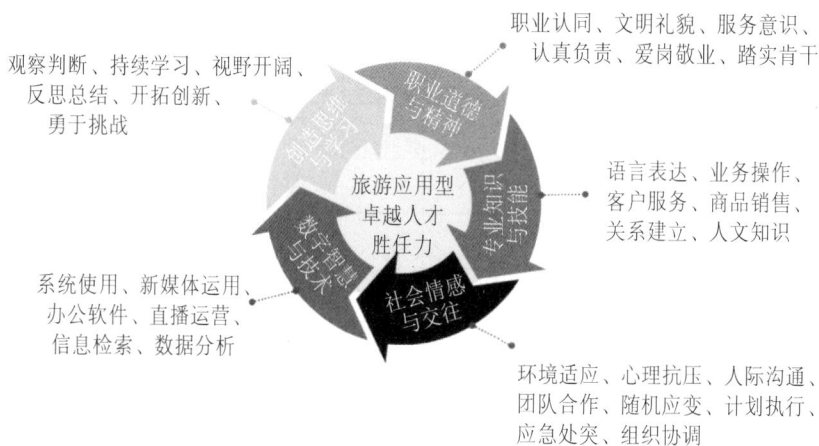

观察判断、持续学习、视野开阔、反思总结、开拓创新、勇于挑战

职业认同、文明礼貌、服务意识、认真负责、爱岗敬业、踏实肯干

语言表达、业务操作、客户服务、商品销售、关系建立、人文知识

系统使用、新媒体运用、办公软件、直播运营、信息检索、数据分析

环境适应、心理抗压、人际沟通、团队合作、随机应变、计划执行、应急处突、组织协调

图5-4 旅游应用型卓越人才的胜任力模型

5.3.3 选择性编码

选择性编码是在更高的抽象程度即主范畴的基础上进行囊括所有现象、起到高屋建瓴的辐射作用的核心范畴，并且通过"故事线"的脉络串联起核心范畴、主范畴、副范畴之间的关系，并通过分析类属之间的结构构建理论模型。根据本书的研究目的和研究主题，查询原始资料并反复比对、深入分析相关访谈节点、访谈对象观点之间的联系，基于5个主范畴、36个副范畴和若干个概念发现，专业知识与技能、数字智慧与技术是人才胜任力的显性特征，社会情感与交往、创造思维与学

习、职业道德与精神是人才胜任力的隐形特征，因此可以用"人才胜任力的内隐外显"作为核心范畴来统筹所有的范畴和类属，由此得到"故事线"。专业知识与技能、数字智慧与技术是适应当下的人才胜任力必需的、较为外显的基础系统，它与具体业务、社会需求、旅游新业态与相关旅游产业转型等密切相关。社会情感与交往、创造思维与学习是新时代对旅游应用型卓越人才胜任力需求较高的成长系统。其中，一个侧重于人对外部世界、外在他人的反应，包括交往协作、情绪调节、主动开放等维度，访谈资料所得出的分析与当下OECD对社会情感能力操作性定义的指标界定较为一致；另一个侧重于人对内部自我世界的审思、认知和判断，是自我内驱、自我效能的有效机制。职业道德与精神，包括认真负责、踏实肯干、爱岗敬业、文明礼貌、职业认同、服务意识等是人才胜任力中较为内核的、也是相对较为稳定的动力系统，是决定人才是否能够稳固在某一个岗位、专注某一行业的持续关键变量。

结合核心范畴的"人才胜任力的外显内隐"，如何提升人才胜任力及其培养路径，根据对核心类属的系统分析发现人才胜任力提升存在三种不同的路径：学校教育、企业培养和自我学习。胜任力显性部分的培养方式较多倾向于业务培训（线上课程、交叉培训、系统培训）、案例分析、实操训练等正式学习，胜任力隐性部分的培养方式有榜样引领、集体分享、社会实践、社团比赛、岗位分析、环境适应、自我反省、经验交流、复盘等非正式学习；胜任力显隐性都有的培养方式有师傅带徒、企业实习、挑战性工作等。本书最终得出旅游应用型卓越人才胜任力的选择性编码结果，如图5-5所示。

由图5-5可以看出，作为学校教育中正式学习的"补充"，非正式学习长期处于"边缘地位"。但是随着知识经济、"互联网+"和终身学习时代的到来，非正式学习的价值日益受到认可和重视。非正式学习是个性化学习、适性学习的时代性话题。探索非正式学习是后疫情时代、终身学习时代教育教学的需要，更是未来教育、未来学校、未来课堂发展的需要。从访谈中，笔者发现非正式学习手段对于员工能力提升的比重要占到80%以上。那些擅长学习的员工可以加速成长，而缺乏该意

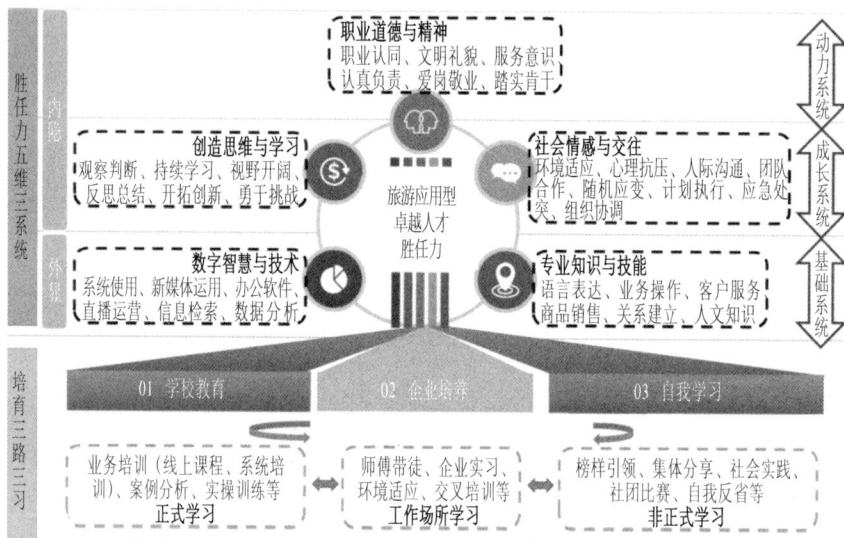

图 5-5　旅游应用型卓越人才胜任力"外显内隐"及其培育的分析框架

识的员工被拉开差距甚至淘汰，这就是职场进化的基本法则。

移动互联网时代，获取新知的方式愈发多元，使得传统的学习空间经受挤压、冲蚀和重构。越来越多的新知需要通过非正式、去中心化的学习方式来获取，这就使得当代的教育空间设计也应当适应学习方式的变化，由此为人才、为学生提供更具吸引力的学习空间，以支持人的全面发展。此结论会在本书后几个章节展开深度讨论。

5.3.4　理论饱和度

理论饱和是指分析某个节点时，所有的类属在所属属性、维度和变化形式上都得到充分发展。随着资料的不断挖掘，虽然能够发现新的变量，但是对分析资料和增加类属并没有进一步新的贡献。这可以判定为本书具有较高的理论饱和度。从 28 位访谈者开始，后续的受访者观点与之前的受访者观点基本一致，没有新的概念或内容出现，达到了质性研究的"理论饱和"的状态。值得注意的是，在深度访谈的开放性编码阶段发现信息技术数字能力方面，虽然大部分受访者都提到数字转型对旅游行业人才胜任力的影响，但是在认识和拓展数字能力应用方面较有局限，基本停留在普适性人才的企业系统的使用和专业人员的技术技能上。随着数字技术在旅游行业的发展与推进，数字智能、人机协同的旅游人才胜任力还有待进一步挖掘和拓展衍生。

5.4　旅游应用型卓越人才胜任力的模型完善

基于深度访谈的旅游应用型卓越人才胜任力模型建构更多着眼于人才胜任力的时代因素和现实特质。然而人才发展是长期的，人才胜任力既要立足于当下，还要着眼于未来。卓越人才的成长过程、生命历程以及高级别荣誉的案例资料背后更能凸显人才胜任力发展的张力和内涵。因此，本书潜入旅游应用型技能人才的浩瀚时空，挖掘出与旅游相关、旅游大类的历届中华技能大奖（1995—2022年）获奖者和全国技术能手（2005—2022年）的典型事迹材料。旅游大类以及与旅游相关并不是维度与节点的切割，而是提炼旅游应用方向不同维度的共性特质。为契合新时代文旅融合发展的新契机，本节主要选取中华技能大奖获奖者、全国技术能手中饭店职业技能、烹饪职业技能、陶艺和工艺美术等技术获奖的卓越人才进行分析研究。

5.4.1　卓越人才胜任力的共性要素

（1）持之以恒

持之以恒是旅游应用型卓越人才所具备的重要素质，是健全人格的基础。它是指个人对自己、对他人、对家庭和集体、社会、国家所负责任的认识、情感和信念，以及与之相适应的坚持遵守规范、坚持责任承担和坚持义务履行的自觉态度。"坚持做好一件事""一生只为一件事""发挥到极致的至善追求"，中华技能大奖获奖者、全国技术能手在这方面表现尤为突出，见表5-4。

（2）精益求精

精益求精是旅游应用型卓越人才具有的良好的工作心态，是主动性、积极性人格的重要表现，主要指适应实际需要，不断丰富、更新自己的知识，力求好上加好，永无止境，有很高的追求，具体表现在反复练习、重复做简单的事等方面，见表5-5。

表5-4   "持之以恒"典型事迹案例

共性特质	行为事件关键词	人物典型	典型事迹案例
持之以恒	坚持做好一件事	朱江渝（全国技术能手、烹饪餐饮）	在20年的火锅生涯中，加班熬夜对朱江渝来说是常事。他为了熬制出一锅自己满意的锅底味道，需要不停地尝试。有时候太辣，有时候太咸，有时候太麻，他记不清自己吃了多少火锅。他有时候连续一两个月天天尝火锅，吃得嘴角上火，嗓子沙哑，几乎不能说话。自己尝火锅太多，他怕自己对火锅味道的细微变化不敏感，于是经常邀请朋友一起尝火锅味道，并把朋友的建议逐一记录并按建议加以改进。通过各种方式，朱江渝终于调试出自己比较满意的味道。也正是一点一滴的积累和付出，才有了朱江渝自己所掌握的重庆火锅的独特味型。27年来，朱江渝从来没有离开过后厨，从没离开过炒制底料的炒锅
	一生只为一件事，不断研发、勤勤恳恳，学习业务知识	沈明辉（全国技术能手、烹饪餐饮）	他奉行"一生只为一件事，一事只怀一颗心"。经过30多年的磨炼，沈明辉不仅精通渝派川菜，还旁通其他菜系（粤菜、鲁菜、苏菜、西餐）。他还对"中菜西烹""西餐中烹"不断研发创新。目前研发的中西式创新菜共800余道，有不少菜品在《名厨》《东方美食》《重庆美食》等杂志上发表，得到了业内人士的高度赞扬。从业期间，沈明辉勤勤恳恳，努力学习业务知识。他不仅学习各种专业知识，还积极参加重庆市级及国家级烹饪大赛，获得了诸多荣誉
	将一件事、一项技术发挥到极致的至善追求	魏志春（全国技术能手、烹饪餐饮）	魏志春有着"士志于道，一心向厨"的信心和决心，30年扎根黑龙江餐饮烹饪行业，奉献了青春和汗水。虽然身份经历了从烹饪毕业生、部队炊事员到行政总厨的转变，但是不变的是他精益求精的匠心精神，将一件事、一项技术发挥到极致的至善追求。他深耕原材料，坚持选用地标食材。2003年，他参加了中央电视台"全国满汉全席烹饪技能大赛"，并且每次都带东北特色材料上场，最终凭借精美的菜品和"油底沉浆"的绝技力压群雄取得了总决赛的冠军，获得厨师界的最高奖

表5-5   "精益求精"典型事迹案例

共性特质	行为事件关键词	人物典型	典型事迹案例
精益求精	反复训练，带伤练习	白娟（全国技术能手、饭店）	一次，白娟练习端托斟酒，一直练习了5个小时，第二天手腕都红肿了。同事看到了都劝白娟养好伤再练习，但是白娟用冰敷了敷咬着牙继续练习。经过长时间的练习，白娟的手腕力度和平衡能力都得到了增强，斟酒丝毫不差。其他服务技能也日臻完善，每个环节都驾轻就熟。这些都保证了白娟在比赛中稳如泰山
	反复练习基本功，忍受枯燥	沈思静（全国技术能手、烹饪餐饮）	"和其他学生相比，沈思静不是天赋型选手。烹饪是一门考验体力的活，她体型瘦小，在体力上就落了下风。"王波说。把胡萝卜削成橄榄形、炒洋葱、用绳捆鸡、夹黄豆，这些都是参赛学生集训时需要反复练习的基本功，很枯燥。一次，王波从外面回来时，发现只有沈思静还在操作台前一遍遍地练习，其他学生都在玩手机。寒假，报名参赛的学生需要继续在学校集训，有人为了提前回家选择了放弃。沈思静坚持训练，整天与洋葱、胡萝卜等相伴。"你这么努力是想拿第一吗？"一起参加集训的同学问。"没，我就是想把胡萝卜削得好看一点。"面对同学打趣，沈思静回答说
	重复做简单的事，注重创新，技术指导	蒋平梅（全国技术能手、烹饪餐饮）	30多年的烘焙生涯，把简单的事情重复做。蒋平梅一直在思考，怎样把流心奶黄馅做得更好，做到极致。努力是有回报的，目前，"冠喜"的流心奶黄馅成了糕点行业的标杆，流心奶黄月饼作为主打产品，旺季时，一天最多要生产十几万个。除了流心奶黄月饼，蒋平梅还十分注重创新，他在传统的中式糕点中加入欧洲的天然黄油、泰国的椰浆、日本的海藻糖，打造更加低糖低脂的健康产品，迎合消费者和客户的需求。"每次烤出来的温度要测一下，一定要在90摄氏度以上，但千万不要烤过了，水分低了会影响口感，太酥了也不行"

续表

共性特质	行为事件关键词	人物典型	典型事迹案例
精益求精	反复磨炼，积累经验、承受压力	陈瑞虎（全国技术能手、珠宝）	"学习宝石琢磨必须要学会'眼到、手到、口到'。"陈瑞虎老师说。"眼到"就是要时常观察学习技艺水平高或者有独特绝活的师傅们的操作手法；"手到"就是要勤加练习、反复摸索，不断总结积累经验；"口到"就是要多学善思，谦虚求教。宝石琢磨技艺的熟练度、精准度必须依靠实打实的动手操作，在一次次观察测量、旋转打磨中积累经验，在角度与光泽、肌理与层次中感受细微差别，这是省不掉的功夫偷不了的懒。与任何行业能做出成绩的人一样，如果坐不了冷板凳、耐不住辛苦、承受不住压力，是不可能取得进步的

（3）专业技能

专业技能是旅游应用型卓越人才良好的工作本领，是人才发展和成长的关键基石。具体表现在技术水平磨砺、开发技术提升以及各种技术本领的与时俱进等方面，关键词如"过硬的技艺""总结出规律性、成果性的经验""苦练基本功""找到理论支点"等，见表5-6。

表5-6　　　　　　　　　"专业技能"典型事迹案例

共性特质	行为事件关键词	人物典型	典型事迹案例
专业技能	过硬的技艺，技术研发	朱江渝（全国技术能手、烹饪餐饮）	朱江渝认为，火锅产业要发展，必须要回归到主题，回归本质的味道，那就是火锅底料的炒制工艺。只有用原汁原味的食材，通过工艺流程和日久积累的技术，才能把食材变成美味。朱江渝说今后要坚持把工匠精神带到火锅产品的研发中，在火锅产品中呈现出更多独特的技艺。因为，只有产品具有独特的竞争优势，才能摆脱同质化竞争，让企业在激烈的竞争中脱颖而出

共性特质	行为事件关键词	人物典型	典型事迹案例
专业技能	技艺专研，总结出规律性、成果性的经验	余明超（全国技术能手、烹饪餐饮）	余明超认为，练手艺最重要的是"吃得了苦、耐得住寂寞"。手艺人需要在长期重复同一样工作的过程中，总结出规律性、成果性的经验。比如说做菜谱，一道菜在镜头面前可能就是一秒钟的时间，但是对操作者来说，要花好几个小时去精心设计。烹饪大师是对菜肴要求很严格的人，一道菜往往要修改十几次才会放在照相机下。新菜推出后，还要开讨论会，让各个店的师傅做同样的菜，来对比研究菜肴的口味、质感等，让菜肴越来越符合消费者的需求。除了在烹饪一线不断钻研技艺，余明超还参与了诸多烹饪教学研究工作
	把齐国文化融入竞赛中；苦练基本功	白娟（全国技术能手、饭店）	为了能让齐风古韵与餐饮文化得到完美的融合，白娟先后翻阅了大量的书籍，到市博物馆和陶琉厂参观学习，拜访了许多工匠艺人。通过一系列学习过程，白娟感受到齐国文化的博大精深、感受到陶琉技艺的精妙绝伦。她要把齐国文化融入自己的服务竞赛中。为确保服务技能不断提高，就必须基本功扎实。白娟每天都利用业余时间苦练基本功，而且从未间断
	注重菜品研发，注重在菜品创新时找到理论支点，根据理论支撑创制菜品	余明超（全国技术能手、烹饪餐饮）	余明超很注重菜品研发。他先后研发出的中国名菜有：酥麟武昌鱼、葱酥鲫鱼、老味卤牛肉、茶香熏鸭舌、葱香鸭、湖锦辣得跳、一锅鲜、牛蹄赛熊掌、干贝宝塔肉、鸽蛋烩裙边、石磨鱼糕圆子等。他还推出了一系列创新菜肴，主要有蟹五吃、野谷须炖阿拉斯加蟹、菜根香、桂花莲藕、泡菜牛肉粒、煨海参、葛仙米炖刺猬、鱼头余元锅、煨鳌裙爪、丝瓜酥、茄子包、茶香羊排、楚香煎藕饼、风干牛蛙等。与其他厨师研发菜品不同，余明超研发菜品时，注重在菜品创新时找到理论支点。2012年后余明超提出菜肴创新与研发的四大要点即"实用、时尚、精致、大气"。根据这样的理论支撑，余明超创制了白云黄鹤、干贝焖肉方、菜根香、青柠海盐大王蛇、鸽蛋烩裙边等十余道创新菜

（4）吃苦耐劳

吃苦耐劳是旅游应用型卓越人才良好的工作习惯，它是指能够经受困苦的生活和劳累，不怕困难的工作。具体表现为"磨砺手艺的过程很痛苦""细微，优质周到""忍受身体的痛苦"等，见表5-7。

表5-7　　　　　　　　　"吃苦耐劳"典型事迹案例

共性特质	行为事件关键词	人物典型	典型事迹案例
吃苦耐劳	用工作台抵着胃，缓解疼痛	沈思静（全国技术能手、烹饪餐饮）	沈思静每天不折不扣地坚持练习。"我早上8时到训练室，发现沈思静已把20只鸡杀好了。这个小姑娘每天早上6时多就到了训练室。"邹志平说，沈思静现在给整鸡去骨只要90秒。鸡肉茸没做好，沈思静会把配方一遍一遍修改，试验，再修改，尽可能将误差控制到0.1克、0.2毫米以内。一次，邹志平发现沈思静躲在一个角落哭，"是不是没有发挥好？"原来，沈思静担心设计的菜品太简单，害怕拿不到高分。"早餐时间5分钟，午餐、晚餐时间8分钟。"邹志平发现，沈思静为了训练，很多时候没时间吃饭。在全国选拔赛第二阶段5进1比赛中，沈思静一直侧着身子，用工作台抵着胃部，脸色苍白。邹志平猜她身体不适，但又不敢贸然打断比赛。比赛一结束，沈思静就疼得哭了出来，邹志平这才知道了原因。原来，她连续3天胃疼，只能用工作台抵着胃，缓解疼痛
	磨砺手艺的过程很痛苦	王影（全国技术能手、烹饪餐饮）	面点师对实习生要求很严，学习擀饺子皮时，师傅要求王影一个人擀皮供四个人包饺子，王影根本供不过来。当时的王影不仅身体特别累，而且心里特别焦虑。通过不断细心学习和反复总结，在第三个月的时候，王影一个人擀皮已经能够供上四个人包饺子。这个经历，给王影留下难忘的记忆，学习和磨砺手艺的过程虽然很痛苦，但熬过痛苦期，就能收获甜美

续表

共性特质	行为事件关键词	人物典型	典型事迹案例
吃苦耐劳	服务细微，优质周到	白娟（全国技术能手、饭店）	白娟谈到，对客服务是相互的，在为客人提供优质周到服务的同时，也会得到客人的赞扬和由衷的感谢。有一次，白娟接待一桌商务客人。一位客人喝多了醉倒在餐桌上。白娟急忙搀扶客人到一旁的沙发上休息，为客人提供了热毛巾和蜂蜜水帮助客人解酒。客人要呕吐时，她又急忙搀扶客人到卫生间，端上漱口水……客人对白娟周到的服务深受感动。之后这位客人也成为了淄博饭店的常客，而且，每次来都找白娟预订包间并点名让白娟为他服务

（5）团队合作

团队合作是旅游应用型卓越人才良好的工作精神，它是通过团队完成某项指定的事件时所显现出来的自愿合作和协同努力的精神，调动团队成员的自主性和聪明才智，形成强大而持久的力量。具体表现为"组建培训学校""精英团队""管理标准化""好为人师"来发展自己团队力量，见表5-8。

表5-8　　　　　　　　"团队合作"典型事迹案例

共性特质	行为事件关键词	人物典型	典型事迹案例
团队合作	后厨精英团队，企业管理的标准化	余明超（全国技术能手、烹饪餐饮）	余明超大力加强团队建设与新人培育。在湖锦鼎宴餐饮管理有限责任公司任职后，他培养了一批后厨精英团队，员工中有2人为中国烹饪大师和名师，多人获得国家高级技师。同时，他大力推进企业管理的标准化。为此先后制定《后厨员工考核等级标准》《菜点出品标准质量卡》《原材料验收标准》《厨部管理人员工作流程》《产品出品质量管理制度》《净料率标准》《产品成品标准》等管理标准，协助建立了产品研发实验室、产品化验室。余明超推动湖锦酒楼国宴店以菜品近满分的成绩摘取"全国酒店业白金五钻酒家"荣誉，提升和推动了湖锦品牌在全国业界的知名度和消费者的认知度

续表

共性特质	行为事件关键词	人物典型	典型事迹案例
团队合作	在山区开展烹饪培训教学，现代先锋学徒制	沈明辉（全国技术能手、烹饪餐饮）	沈明辉以教育扶贫的理念在山区开展烹饪培训教学，"给农民工培训和给学生培训不太一样，要求短、平、快，从理论到实践操作要让他们很快上手，学会了就可以务工或创业。"沈明辉颇有心得地说。在教书育人方面，沈明辉颇有建树。他于2010年起任重庆商务职业学院讲师，2012年任职客座教授，并著有《中国烹饪瑰宝·渝派川菜》一书，书中的菜品获得了合作单位（如中国人民银行营业管理部食堂、国家开发银行食堂、重庆银行食堂等）的一致好评。此书还被选为重庆商务职业学院辅助教材，反响良好。在多年的教学过程中，沈明辉以现代先锋学徒制和重实践的模式刷新了烹饪教学理念，让学生们以脑手并用的模式学习、掌握和巩固了学习知识。目前，学徒中有12人成为高级技师，17人成为二级技师，35人成为高级厨师，6人成为四级厨师
	组建培训学校，好为人师，突破自我	金宁飞（全国技术能手、烹饪餐饮）	1991年，金宁飞从培训班毕业后，因为他的优异成绩，被特聘为闽菜培训班兼职老师，从那以后很多学校都聘请他兼职任教。于是，他开始一边当厨师长，一边做起了闽菜教学工作。1999年，金宁飞创办了福建省东方厨艺职业培训学校，又在2003年创办了"福建烹饪商务中等技术学校"并担任校长，亲自管理学校的日常事务并负责实践教学工作。2006年，金宁飞组建原劳动厅技校的烹饪专业，更好地为行业培养技术人才。多年来，他坚持投身于烹饪教育第一线，培养了近万名烹饪行业优秀学子，就业率创行业新高，培养了很多闽菜、餐饮行业专业人才

（6）勇于拼搏

勇于拼搏是旅游应用型卓越人才的工作境界，它是指尽自己最大的力量，积极努力，主动发挥自己的最大潜能，在过程中打破边界，不固守、不保留等。其结果往往让人不可思议。具体表现为"勇敢迎战、接受挑战""积极探索和实践""提升到一个新的高度"，见表5-9。

表5-9   "勇于拼搏"典型事迹案例

共性特质	行为事件关键词	人物典型	典型事迹案例
勇于拼搏	勇敢迎战、接受挑战、积极竞聘	孙玉洁（全国技术能手、烹饪餐饮）	孙玉洁初生之犊不畏虎，勇敢地接受挑战，积极参与竞聘。通过竞聘，孙玉洁再一次让公司重新认识了自己，让全体员工认可了自己，成功晋升为餐饮主管，成为新店起航发展的重要力量。2018年8月，当孙玉洁得知公司有推荐参加第七届全国饭店业职业技能大赛的名额时，大胆地向工作了20余年的服务经理发起挑战，勇敢地提出代表公司参赛的要求。杨军总经理看到新人的冲劲，欣喜感动，安排往年在国家大赛中取得优异成绩的服务经理口传心授，亲自为她提供指导
	将饮食美学、科学配餐、西餐元素融入餐饮产品设计、研发、创新、智能化生产中	魏志春（全国技术能手、烹饪餐饮）	魏志春积极探索和实践黑龙江省"从田间到餐桌"系列餐饮膳食的研发，深入挖掘龙江绿色食材，对龙江传统菜进行创新。作为我省科研"头雁计划"申报的主要成员，他正在开发龙江膳食特色宴席；对龙江膳食的营养搭配、膳食结构、美食美器及龙江国宴预制菜等方面开展研究，制定龙江菜单品或宴席的龙江膳食制作标准和品控规范；通过研究将饮食美学、科学配餐、西餐元素融入餐饮产品设计、研发、创新、智能化生产之中，实现家庭烹制、社会餐饮、团膳企业、外卖、宴席等营养健康、安全可控的龙江膳食目标。创新永无止境，发展未有穷期

续表

共性特质	行为事件关键词	人物典型	典型事迹案例
勇于拼搏	融物理学、美学和材料学等多学科知识于一体，提升到一个新的高度	占绍林（中华技能大奖、陶艺）	在多次改进拉坯工艺后，占绍林终于实现了对传统技艺的重大突破，成为景德镇大物件一次拉坯成型第一人。他通过手法创新能够在一件器物中体现多个造型出来，做到瓶内有乾坤。经他一次成型的"竹筒"切开以后呈现在大家面前的是七层竹节，让人不可思议。其作品"中国梦之酒足饭饱"入选第二届中国当代陶瓷艺术大展，瓶、碗、杯3种器型层叠倒扣，线条干净利落形成完美比例。他的作品"悟净"入选第十二届全国美展，融物理学、美学和材料学等多学科知识于一体，将传统陶瓷提升到一个新的高度

（7）感恩特质

感恩特质是旅游应用型卓越人才工作中的积极情绪，它是指对工作保持敬畏之心和感激之情，能以更加积极的方式看待事物并且更加具有亲和力，可以引发个体积极的行为倾向从而积累资源，形成心理资源、生理资源以及完成工作任务、形成解决工作问题的技能资源。具体表现为"认同和认可工作""减少抱怨""员工关怀"等，见表5-10。

（8）包容开放

包容开放是旅游应用型卓越人才的工作态度，也是中华文明能够保持生生不息的强大生命力的原因，是根植于中华文化的深层哲学观念。它是指不抱有恐惧和敌视的态度，接纳包容，尊重别人的特色，容纳别人，谅解别人，融通共存。具体表现为"向徒弟传授技艺""分享自己对技能成才的心得体会""培养了多名技师、高级技师""开展每季度闽菜创新和学术交流""毫无保留地展示给他人"等，见表5-11。

表5-10　　　　　　　　　　"感恩特质"典型事迹案例

共性特质	行为事件关键词	人物典型	典型事迹案例
感恩特质	感恩分享职业认知，增进职业认同	孙玉洁（全国技术能手、烹饪餐饮）	获奖后，孙玉洁时常提起公司在她职业生涯中给予的指导和帮助："周村是鲁商发源地，知味斋是以鲁商精神为核心的新儒商典范，'以文促商，以商养文，文商并举'是公司经营发展的理念，正是企业的深厚文化才让自己知道服务有着独特的价值。"她说道，"在政务接待中，我们是城市的形象使者；在商务宴请中，我们是商家的代言人；在家庭聚会上，我们又化身情感传递的使者。一场场主题宴会，一桌桌商埠宴席让风味、情味、品味三味融合，公司的文化理念也教会我们做人、做事、做菜的道理"。借着公司与母校联合办学的机会，孙玉洁经常有机会在企业和学校的舞台上分享自己的这些心得经历。孙玉洁也会以自己为范例给公司新员工和学弟、学妹传递一些对行业的认知
	感恩环境支持、社会支持和资源辅助	白娟（全国技术能手、饭店）	白娟对培养了自己的企业心存感激。她在淄博饭店工作16年，从青涩少女成长为技能人才，从基层岗位走向了中层岗位，在不断挖掘潜能中体现着自身的价值。她认为成长的道路磨炼了意志，集体的温暖成就了信念。她还感恩自己的家人，辛勤工作的背后是家人的关心、支持和爱护。另外，她也感谢全国饭店业职业技能竞赛这个平台，不仅让她学到了许多技能和知识，充分展示了她的才艺，还展示了她的家乡淄博的文化底蕴

表5-11   **"包容开放"典型事迹案例**

共性特质	行为事件关键词	人物典型	典型事迹案例
包容开放	自己的技能大师工作室，专家人才库	兰明路（全国技术能手、烹饪餐饮）	"要成就一番川菜事业，必须匠心专注、用心感悟。"兰明路不仅向徒弟传授技艺，更与他们分享自己对技能成才的心得体会。现在，兰明路拥有自己的技能大师工作室。工作室现有9人，包括6名高级中式烹调师，以及美食作家、美食摄影师、公共营养师各1名。同时，兰明路还依托省级、市级技能大师工作室，开展川菜、川味研究和绝技绝活传承。兰明路不仅进入了四川省和绵阳市的专家人才库，还经常受邀担任行业技能大赛裁判。从学徒到掌勺，兰明路感到自己一路走来的经历颇具"川味"，酸甜苦辣尽在其中
	参与工作室技术交流	金宁飞（全国技术能手、烹饪餐饮）	金宁飞的工作室2013—2016年培养了多名技师、高级技师，带动了70多名优秀厨师参与工作室技术交流、提升活动。2014年工作室组成厨师长精英群，不定时组织菜品交流活动，开展每季度一场的闽菜创新和学术交流的可持续性活动；工作室组织成员参加近10场全国、省、市级技能竞赛，还参与20多场社会公益活动，为社会做出贡献
	打造培训及研学基地，国家级技能大师工作室	占绍林（全国技术能手、陶艺）	占绍林认为最重要的是保持开放包容的心态，并且做好传承。他发现了很多机会，高校相关专业的师生、陶瓷艺术爱好者和各个窑口的专业人才，都有进行技能培训和艺术实践的需求，包括中小学研学市场。2011年占绍林在景德镇三宝国际瓷谷打造了一个培训及研学基地，到2015年发展升级为2 300多平方米的陶艺实践基地，大批陶瓷匠人、学院教授、非遗传承人常驻授课指导，同年占绍林被评为"国家级技能大师工作室"领办人称号。占绍林性格爽朗、爱好交友，他将自己的技法毫无保留地展示给他人。截至目前，基地累计接待参观人员近30万人次，成为50余所大专院校、几十所民间教育机构的实训基地，已培训包括大学生、窑口技师及陶瓷爱好者近3万人，培养技术人才超5 000名。此外，工作室还作为首批轻工大国工匠创新工作室、江西省劳模创新工作室、景德镇珠山区党外知识分子之家等平台对外开展交流活动

（9）努力钻研

努力钻研是旅游应用型卓越人才的工作潜能。它是指对于未知或者未来的问题进行探索和更深层次的研究，用心思虑，费尽心思，主动寻求根本性原因与更高的可靠性依据。具体表现为"喜欢去思考和学习""不断地研究和琢磨"等，见表5-12。

表5-12　　　　　　　**"努力钻研"典型事迹案例**

共性特质	行为事件关键词	人物典型	典型事迹案例
努力钻研	更喜欢不断地研究和琢磨新的味道，喜欢去思考和学习	朱江渝（全国技术能手、烹饪餐饮）	27年来，朱江渝从来没有离开过后厨，从没离开过炒制底料的炒锅。朱江渝说，作为一个匠人，自己跟其他人不同的是，不仅喜欢动手炒制，更喜欢不断地研究和琢磨新的味道，他喜欢去思考和学习。针对不同的需求，朱江渝对麻辣汤底进行了分类，分别为飘油、中油和全油锅底。朱江渝发现，川渝之外地区一般以飘油、中油为主，食材主要以牛羊肉、蔬菜类、容易涮汤的食物，以味碟增味为主
	参与了诸多烹饪教学研究工作，完成教研科研课题	余明超（全国技术能手、烹饪餐饮）	余明超除了在烹饪一线不断钻研技艺外，还参与了诸多烹饪教学研究工作。他在工作期间担任湖北经济学院烹饪工艺与营养专业客座专业辅导老师，曾参与并完成校级教研科研课题"烹饪工艺专业特色教学研究""烹饪产品的创新与鉴赏研究""科学烹饪研究""高校餐饮发展问题研究""鄂菜产业化发展规划""鄂菜更名楚菜规划与研究""楚菜大典编制""湖锦服务标准化建设项目"
	形成有见解、可传播、易学习的理论知识体系；不断创新制备工艺	连德理（全国技术能手、陶艺）	连德理主持革新现代德化瓷生产制备工艺，研发"一种窑变釉在高档陶瓷艺术品的开发与应用"等关键技术，并在诸多企业广泛应用，为中国传统白瓷技艺的传承和创新打下了坚实的基础。同时，面对一直以来传统白瓷技艺薄胎瓷艺易断裂、烧成率低这一业界难以攻克的难关，连德理迎难而上，一头扎进高韧薄胎瓷衣瓷土配方及其烧成技术的研究当中，尝试上百种配方比例，不断创新制备工艺，最终一举将成品率提高到60%以上，帮助企业实现了利润的大幅提升

续表

共性特质	行为事件关键词	人物典型	典型事迹案例
努力钻研	为继承、保护和创新梅苑菜肴做出重要贡献	徐敬国（全国技术能手、饭店）	南京青奥会期间，徐敬国为国际奥委会主席罗格制作的"金钱瓜酿蜗牛""牛肉白菜锅贴"大受欢迎，特别是用纯中式的方法烹制西方人爱吃的蜗牛，做法奇妙、香味扑鼻，让贵宾赞不绝口。2016年，徐敬国作为央视"厨王争霸"大赛工作小组成员之一，做了大量的幕后支持工作。最终，金陵饭店荣膺"厨王"桂冠，金陵团队荣获"最佳组织奖"，56楼家厨房被赞"超级厨房"。徐敬国作为淮扬菜殿堂级餐厅——金陵饭店梅苑中餐厅第三代掌门人，为继承、保护和创新梅苑菜肴做出了重要贡献
	对"中菜西烹""西餐中烹"不断研发创新	沈明辉（全国技术能手、烹饪餐饮）	为了最高境界的美味，沈明辉奉行"一生只为一件事，一事只怀一颗心"。经过30多年的磨炼，沈明辉不仅精通渝派川菜，还旁通其他菜系（粤菜、鲁菜、苏菜、西餐）。他还对"中菜西烹""西餐中烹"不断研发创新。目前研发的中西式创新菜共800余道，有不少菜品在《名厨》《东方美食》《重庆美食》等杂志上发表，得到业内人士的高度赞扬

（10）创意思维

创意思维是旅游应用型卓越人才的工作驱动。它是指打破固有的思维模式，从新的角度、新的方式去思考，得出与以前不一样的并且具有创造性结论的思维模式。具体表现为"菜品创新的同时，还注重管理创新""时尚和精品化的创新""双层拉坯与中空拉坯技艺第一人""烹饪技术创新的系统方法论"，也就是敢为天下先、唯实创新，创新工艺、培养想象力与创造力是旅游应用型卓越人才培养的精神灵魂，见表5-13。

（11）虚心学习

虚心学习是旅游应用型卓越人才的工作基石。它是指善于听取别人

表5-13　　　　　　　　　　　**"创意思维"典型事迹案例**

共性特质	行为事件关键词	人物典型	典型事迹案例
创意思维	推进金陵品牌建设、创造一流餐饮水准、弘扬淮扬美食文化	徐敬国（全国技术能手、饭店）	以创新、养生、易于复制为原则，徐敬国研发了具有"生态性、营养性、创新性"的金陵新品菜肴，用文字、图片、成本卡制定量化标准，为淮扬菜的创新发展做出突出贡献。多年来，他在推进金陵品牌建设、创造一流餐饮水准、弘扬淮扬美食文化方面做了大量工作，逐步成长为餐饮界的领军人物
	对传统定窑拉坯工艺进行了系统的研究，肯定了定瓷拉坯的全新风格，受到陶瓷界的瞩目	庞永辉（全国技术能手、陶艺）	庞永辉对传统定窑拉坯工艺进行了系统的研究，不但恢复了传统拉坯技艺，还对其进行了大量的改进，形成了一套当代定窑拉坯规范。其特点是：速度快、坯体薄，拉制好的毛坯只需一两刀，便可修到所需要的坯体厚度，大大提高了手工生产的工作效率，节约了原材料成本，为公司创造了良好的经济效益与社会效益，终结了定窑无大件的历史定论。庞永辉对不同刀具与使用方法进行了研发，将唐代单一的跳刀纹样（席纹）发展到点状纹、网状纹、水纹、绳纹、条状纹、单刀、复刀等十几种纹样，成功恢复定瓷绝迹的跳刀纹装饰，并极大丰富了当代定窑的装饰效果，受到业内专家的肯定与收藏者的青睐。庞永辉发明创造了双层拉坯与中空拉坯技艺，成为拉坯史上双层拉坯与中空拉坯技艺第一人。在2013年杭州举办的"当代青年陶艺家十人展"上首次亮相，便受到陶瓷界的瞩目，肯定了定瓷拉坯的全新风格
	时尚和精品化的创新	沈明辉（全国技术能手、烹饪餐饮）	沈明辉根据市场发展行情，锐意创新，不仅立足于做好，还以做精和追求极致的水平为目标，满足了市场发展的需求。以烧白为例，沈明辉既继承了烧白的传统烹饪技法，又进行了时尚和精品化的创新。从刀工上来说，烧白不仅有通常的四五寸款式，还有加大加厚九寸烧白，千层烧白更可以薄如纸片，一经亮相便惊艳全席

续表

共性特质	行为事件关键词	人物典型	典型事迹案例
创意思维	总结出系统的方法论，并用这些方法探索研发新菜。在菜品创新的同时，还注重管理创新	余明超（全国技术能手、烹饪餐饮）	余明超认为实用性是菜肴制作的根本，而菜肴的实用性主要体现在可食用方面，这是菜肴研发和创新的核心前提。在延续传统烹饪的基础上，研发菜品时要追求菜品内容和形式方面的"新"和"变"理念的实现。菜肴时尚的关键在于将流行元素与市场结合，重点在于时尚元素与细节的结合。而菜品的实用与时尚之间要掌握好辩证的平衡关系，让实用与时尚结合，在实用的基础上获得品质的提升，在时尚的氛围中获得品位升华，两者相得益彰，互相作用，互相提高，这才是菜点制作追求的最高境界。余明超还认为，菜品研发和制作要大气与精致相结合。大气是一种粗犷爽利、古朴雄厚的山河之气，同时也是一种自然隽永、风韵飘逸的充实；而菜肴的精致既是一种结果的呈现也是一种制作过程的规范，精细的菜肴制作过程以及它所带来的出品速度、温度、风味、口感、颜色、形态等方面的控制，都具有量化的标准界定的尺度和评估值。在菜品精致与大气的辩证平衡关系中，大气不是简单的重复，也不是简化操作的程序，它需要精致的过程来充实并使其内涵丰富；而精致的过程则需要借助大气的效果来呈现，两者相互依存，互为补充，让精致在大气的层面上外露张扬，同时使大气在精致的基点上内聚灵气。在烹饪技术创新方面，余明超总结出系统的方法论，并用这些方法探索研发新菜

的意见，从内心去学习，获得知识或技能，能够把自己心中的成见和杂念掏空，去掉"先入为主"的成见，乐于听取别人的意见。具体表现为"将自己归零，重新出发""拓展职业技能，全面提升""不断提高自己，完善自己"等，见表5-14。

表5-14　　　　　　　　　　　　　"虚心学习"典型事迹案例

共性特质	行为事件关键词	人物典型	典型事迹案例
虚心学习	成为既有技艺又懂管理业务全面发展的人	朱江渝（全国技术能手、烹饪餐饮）	朱江渝先后在重庆德庄实业集团公司产品研发中心担任顾问、在重庆小天鹅集团佳永公司任总经理、在刘一手餐饮管理有限公司担任首席产品官等。每一个企业都有不同的企业文化和管理模式，朱江渝不断地吸取各自的优点，不断丰富自己的企业管理经验。而在这个过程中，他自己的人生体验也更丰富，从一个纯粹的匠人，成长为既有技艺又懂管理的全面发展的人
	安排学习宴会设计，拓展职业技能，全面提升	孙玉洁（全国技术能手、烹饪餐饮）	在未来职业技能发展规划方面，孙玉洁给自己设立了更高目标，一方面，要进一步提高宴会设计的能力，成为一名合格的高级宴会师；另一方面，要拓展职业技能，全面提升，做一名职业餐饮人
	对个人职业技能中的薄弱环节进一步弥补和完善	白娟（全国技术能手、饭店）	对于未来的职业规划，白娟设置了更高的目标。她认为，目前的成绩只是个人职业生涯中的一个站点，前方还有更加美丽的风景，未来，她将针对个人职业技能中的薄弱环节进一步弥补和完善。具体来说，就是通过日常工作和比赛，白娟发现自己在外语方面和餐台的设计方面还存在不足。接下来，她打算努力学习外语，以便将中餐更好地推荐给外国友人。另外，白娟还打算学习更多的历史文化知识和美学设计，让宴会餐台设计更具文化气息，更符合宴会主题要求。不断提高自己，完善自己，更好地服务于社会，服务于热爱的事业
	脚踏实地将自己归零，重新出发，虚心好学	朱宇飞（全国技术能手、烹饪餐饮）	朱宇飞的成就并没有让他产生自满、自大、骄傲的心理。相反，他脚踏实地将自己归零，重新出发，虚心好学，进一步丰满着自己的羽翼，把自己变成更好更强的烘焙人。朱宇飞说自己可能与很多师傅一样，进入烘焙行业是因为不好好读书，但他很庆幸能够取得今天的成绩

（12）崇高理想

崇高理想是旅游应用型卓越人才的工作动力。它是指人们在实践过程中形成的具有现实可能性的对未来的向往和追求，是人们的世界观、人生观和价值观在奋斗目标上的集中体现。具体表现为"让家乡味走出家乡""既不忘传承也不忘发展""奉献出自己的微薄之力帮助到更多有需要的人"，见表5-15。

表5-15　　　　　　　　　"崇高理想"典型事迹案例

共性特质	行为事件关键词	人物典型	典型事迹案例
崇高理想	梦想远大，有情怀	兰明路（全国技术能手、烹饪餐饮）	"川菜在成长和发展中形成了特有的24种复合味型，54种烹制方法，核心是以味为魂、以味见长……"兰明路说，他想让"家乡味"走出家乡，让更多人了解川菜、喜欢川菜
	梦想远大，脚踏实地，不忘初心，热爱、奉献	朱宇飞（全国技术能手、烹饪餐饮）	朱宇飞聊到自己从事烘焙行业坚持贯彻的理念时说，做好烘焙技术、热爱烘焙行业，同时更加热爱生活，奉献出自己的微薄之力帮助到更多的人。朱宇飞梦想着有一家属于自己的店，也希望更多青年烘焙师能够加入到竞技赛事中，挑战自己，让自己变得更强大
	既不忘传承也不忘发展，继承传统	金宁飞（全国技术能手、烹饪餐饮）	金宁飞的闽菜情怀不仅仅是掌握闽菜烹饪制法与技艺，更多的是如何推动闽菜文化的发展，扩大闽菜文化的影响力。金宁飞既不忘传承也不忘发展，继承传统，推陈出新。2021年3月，习近平总书记来闽考察期间，为闽菜锚定发展的航向，金宁飞等多名大师受商务厅和省烹协委派，参与多场闽菜推广大型活动，并亲自制作多道经典闽菜进行展示和品鉴，深受好评，并获得了"闽菜推广大使"荣誉称号。近年来金宁飞翻阅了大量医学养生书籍，并走访、请教了多位名老中医，结合自己多年的烹饪经验，围绕二十四节气研发了一整套养生、药膳、药食同源的美味新闽菜

5.4.2 卓越人才胜任力的全面完善

通过分析行为事件关键词，在与旅游相关、旅游大类的历届中华技能大奖获奖者（1995—2022 年）和全国技术能手（2005—2022 年）的典型事迹材料中不难发现，旅游应用型卓越技能人才有持之以恒、精益求精、专业技能、吃苦耐劳、团队合作、勇于拼搏、感恩特质、包容开放、努力钻研、创意思维、虚心学习、崇高理想等 12 个重要共性特质，区别于一般旅游应用型人才特质。这个结论从人才制高点上抓住了人才成长和发展的重要因素和普适规律，补充完善了卓越人才胜任力的模型。

结合前期访谈形成的初步模型，通过扎根理论质性研究与量化分析相结合的混合研究方法，对旅游人才胜任力模型进行学理研究与实证研究，最终得出新时代旅游应用型人才胜任力的 5 个主范畴、32 个副范畴的研究结论以及 12 个共性特质。相比既往研究，这个结论强调卓越人才胜任力的核心要素、时代要素和发展要素，更加有利于我们抓住新时代旅游应用型人才发展的规律性、普适性与动态性，这些都为挖掘新时代旅游应用型卓越人才的中国本土化特点，并制定胜任力评价指标体系打下坚实的基础。

6　旅游应用型卓越人才胜任力评价指标体系构建与应用

　　综合评价的真正价值只有付诸现实才能够体现出来。这要求指标体系中的每一个指标都必须是可操作的，必须能够及时收集到准确的数据。一般而言，当一个指标体系中出现不可操作的指标时，人们通常是"一删了之"。这对于综合评价工作是很不利的，这是对评价结论科学性的一种损害。因为在评价实践中常常遇到指标数据收集方面的困难。我们认为，科学的态度应该是设法寻找替代指标、寻找专门调查收集指标的途径、寻找统计估算的方法。[①]

　　新时代旅游应用型卓越人才胜任力有着丰富的内涵和外延，在建构评价指标体系之前首先要给予新时代旅游应用型卓越旅游人才胜任力的操作性定义。操作性定义在提高教育研究的客观性、统一性以及评价结果的可比性和重复性等方面具有重要作用。[②]借鉴已有测评模型的基本思路，厘清新时代旅游应用型卓越旅游人才胜任力的操作性定义。根据

---

①　苏为华. 多指标综合评价理论与方法问题研究 [D]. 厦门：厦门大学，2000：19.
②　董奇. 研究变量操作定义的设计 [J]. 教育科学研究，1991 (3)：21-24.

已有的相关文献，以及前期的定性与定量研究，初步形成新时代旅游应用型卓越旅游人才胜任力测评指标体系，在实证调查的基础上，构建测评模型。

6.1　评价指标体系的构建原则

旅游应用型人才胜任力评价指标体系构建原则分为目的性原则、全面性原则、系统性原则、独立性原则、动态性原则、显著性原则和可操作性原则。

6.1.1　目的性原则

指标是目标的具体化描述。因此，评价指标要能真实地体现和反映综合评价的目的，能准确地刻画和描述对象系统的特征，要涵盖为实现评价目的所需的基本内容。评价指标也要为评价对象和评价主体实现评价目的或提高评价目标提供努力和改进的方向，即评价指标在体现评价目的的基础上也应具有一定的导向性。

6.1.2　全面性原则

首先是要尽可能吸纳多方参与指标设计，保证指标设计的公平性和客观性。其次，评价指标是对对象系统某一特征的描述和刻画，评价指标集应该能较全面地反映被评价对象系统的整体性能和特征，能从多个维度和层面综合地衡量对象系统的属性。当然，这种完备性并不是要求评价指标体系能100%完整地表达出对象系统的全部特征（事实上，也很难做到这一点）。通常情况下，只要求评价指标体系能表达出评价对象的主要特征和主要信息即可。对于一个复杂的对象系统，在完备性的基础上构建的指标体系一般都具有一定的类别性和层次性。因此，在综合评价指标体系的设计与构建过程中，可以根据对象系统特征的类别与层次进行完整性设计。

6.1.3　系统性原则

涉及应用型旅游人才评价的指标众多，包括个人道德水平、专业技能以及社会能力等等。而且每类指标的权重是不一样的，对于胜任力的代表程度有大有小，因此就需要以特定的标准对各种指标进行分类，同时对指标的重要程度进行计算分析，赋予权重，使得指标体系可以系统高效地工作。

6.1.4　独立性原则

独立性要求每个指标要内涵清晰、尽可能地相互独立，同一层次的指标间应尽可能地不相互重叠，不相互交叉，不互为因果，不相互矛盾，保持较好的独立性。对于多层级的综合评价指标体系，应该根据指标的类别性与层次性，建立自上而下的递阶层次结构，上下级指标保持自上而下的隶属关系，指标集与指标集之间、指标集内部各指标间应避免存在相互反馈与相互依赖，保持良好的独立性。

6.1.5　动态性原则

虽然综合评价指标体系在评价的某个时间窗内要保持一定的稳定性，但随着事物发展的变化出现的指标的不足或不合理以及无法反映真实情况以及评价目标的改变等问题的出现，需要对评价指标体系进行动态调整，提高指标的完善性和科学性。这种动态调整可分为主动调整和被动调整，主动调整是根据新的评价目标和评价要求，调整或重新设计评价指标体系。被动调整是根据评价结果的反应效果，可对评价指标体系中的某些指标进行动态修正，剔除或增加某些指标。

6.1.6　显著性原则

理想情况下，综合评价指标体系应需100%地描述和覆盖对象系统的全部特征，且指标间应该保持100%的独立性，线性无关。但在现实实践中，这种理想状态几乎是不可能达到的。因此在评价指标体系的设计过程中，并不是指标数量越多越好。指标数量越多，一方面评价数据的获取成本和信息集成成本也就越大；另一方面也极有可能会导致数据冗余。一般情况下，在综合指标体系中，应保留主要的关键指标，剔除次要的非关键指标。判定指标是否关键的主要依据就是该指标对总体评价的贡献大小，贡献越大，该指标的显著性越强，可为关键指标；反之，显著性越弱，则可能为非关键指标。

6.1.7　可操作性原则

可操作性，是指评价指标的可观测性以及观测成本的问题。首先，综合评价指标体系中的每一个评价指标，无论是定性指标还是定量指标，都要求指标能够被观测与可衡量，换句话说，评价指标的评价数据可被采集，或者可被赋值，否则该指标的设定就没有任何意义。其次，评价指标的设计要能够尽量规避或降低评价数据造假和失真的风险，评价指标数据应尽可能地公开和客观获取。再者，要综合权衡评价指标数据的获取成本与评价活动所带来的收益问题，一般情况下，评价指标的数据应易于采集，观测成本不宜太大。若某个指标的实际观测成本太大，在实践中，要么直接摒弃该指标，要么采取其他途径来近似获取，如计算机仿真、实验模拟等。

6.2　评价指标体系的设计

通过旅游应用型卓越人才胜任力的文献研究、招聘广告内容分析、胜任力访谈的扎根分析以及中华技能大赛和全国技术技能获得者的旅游人才先进事迹案例研究，不难发现，旅游应用型卓越人才是一个多维分层的结构。

6.2.1　人才胜任力评价指标的要素提取

根据现有文献，初步确定测评指标要素的范围，旅游应用型人才胜任力的操作性定义主要是：面向新时代旅游业态发展，符合大旅游类专业社会实践应用，具备拥有一定的专业知识、技能、特质、社会性动机、自我形象等，能够进行创造性劳动并产生高质量的工作绩效。其包括知识储备、技能水平等显性特质，也包括动机、情感、态度、价值观等隐性特质，这种特质可以通过有效手段来进行测量并加以改进。按照胜任力的工作过程和工作绩效结果，对工作结果进行衡量，得到关键绩效指标（KPI），对工作过程进行衡量，得到关键能力指标（KCI）。

根据前期研究，招聘广告内容分析是通过网络数据采集器采集不同旅游业态及岗位胜任力的招聘文本，选取具有代表性部分，采用分词、词频分析、社会网络和语义分析网络等功能深入挖掘招聘信息，发现新时代旅游应用型人才胜任力包括人的非认知能力、终身学习、创新思维、数字素养、实务知识。

胜任力访谈的质性研究发现，根据人才胜任力理论模型与实践逻辑的深度访谈，基于行为事件访谈的收集以及编码分析，新时代旅游应用型人才胜任力包括人才胜任力需求的、较为外显的基础系统（专业知识与技能、信息技术与数字智慧）、成长系统（社会合作与情绪情感、创新思维与持续学习）、动力系统（职业精神与职业道德，包括认真负责、踏实肯干、爱岗敬业、文明礼貌、职业认同、职业韧性等）。

在中华技能大赛和全国技术技能获得者的案例研究中，不难发现，持之以恒、精益求精、专业技能、吃苦耐劳、团队合作、勇于拼搏、感恩特质、包容开放、努力钻研、创意思维、虚心学习、崇高理想等12个重要共性特质，是区别于一般旅游应用型人才的特质。

6.2.2 人才胜任力评价指标的初步确定

在人才胜任力评价指标的实际开展过程中，需要将形成性评价和总结性评价相结合，制定全面完备的评价工具，将人才的表现外显为操作化的评价指标，从而对人才的各个层面进行全面评价。基于对旅游应用型卓越人才胜任力的操作性定义，结合文献研究、招聘广告内容分析、访谈扎根分析、案例研究等分析方法，初步形成旅游应用型卓越人才胜任力的测评指标体系框架，共包含6个维度和36个指标。其中6个维度包括职业道德与精神、专业知识与技能、数字智慧与技术、社会情感与交往、创造思维与学习、个人特质。

职业道德与精神主要考察旅游应用型卓越人才的职业修养，是社会道德在职业行为和职业关系中的具体体现。专业知识与技能主要由通用型和专业型构成，主要考察在职业行为中所需用到的知识储备和技能习得。数字智慧与技术是新时代文旅对人才数字能力的突显需求趋势，体察人才数字认知和数字运用。社会情感与交往考察人才必需的群体融合度、厚度和深度。创造思维与学习考察人才创意思维、终身学习等特点。个人特质是考察旅游人才独特的人格特质。人才胜任力评价指标体系的初步确定见表6-1。

表6-1　　　人才胜任力评价指标体系的初步确定

一级维度	二级维度	题序
A 职业道德与精神	A1诚实守信	1
	A2崇高理想	2
	A3敬业精神	3
	A4踏实肯干	4
	A5精益求精	5
	A6持之以恒	6
	A7服务意识	7
	A8工作热情	8
B 专业知识与技能	B1商务知识	9
	B2管理知识	10
	B3人文知识	11
	B4法律政策	12
	B5实务操作	13
	B6策划设计	14
	B7语言表达	15
C 数字智慧与技术	C1业务操作系统	16
	C2信息检索	17
	C3数据处理分析	18
	C4直播与新媒体运用	19
	C5办公软件	20

一级维度	二级维度	题序
D 社会情感与交往	D1 人际沟通	21
	D2 团队合作	22
	D3 情绪调节	23
	D4 组织协调	24
	D5 反省审思	25
E 创造思维与学习	E1 创造性思维	26
	E2 终身学习	27
	E3 努力钻研	28
	E4 风险预测	29
	E5 包容开放	30
	E6 分析决策	31
F 个人特质	F1 心理抗压	32
	F2 积极乐观	33
	F3 勇于挑战	34
	F4 自信进取	35
	F5 常怀感恩	36

6.3 评价指标体系的修订

Delphi 法又称专家咨询法，是一种结构化决策支持技术，其目的是在信息收集过程中通过多位专家的独立的反复主观判断，经过 2~3 轮的咨询，整理和修改资料，得到趋于一致的、可靠性较高的意见作为研究结果。

为了验证评价指标的科学性和合理性，我们选取了全国旅游类高校专家、旅游行业专家、全国技术能手（旅游方向）等 11 位专家进行咨询，采用发送邮件的方式进行意见征询。专家分别来自人才培养院校、行业领军人物以及教育行政部门人员。其中培养院校的专家包括本科应用型院校、职教本科院校、双高职校大旅游方向的专业负责人、专业带头人；行业专家主要是扎根在本行业领域 10 年以上，取得卓越成就并有较大影响力的企业负责人或者技术能手；教育行政部门主要分管人才培养和学生发展。为了进一步明确各评价要素之间的关系，我们邀请专家对评价指标进行评分和筛选，并利用层次分析法确定指标权重，修正并初步形成新时代旅游应用型卓越人才胜任力评价指标体系，后期会借助方程模型来加以验证。

6.3.1 第一轮专家咨询的开展与指标修订

第一轮专家意见征询的目的是征求专家对评价指标划分和语言表述的意见，并对重要性进行打分，具体包括：一级指标的分类是否合理；各个二级指标归属的一级指标是否合理；二级指标各个指标之间是否有重复的地方，哪些可以合并同类项，哪些可以删去；三级指标归属的二级指标是否合理；三级指标各个指标之间是否有重复的地方，哪些可以合并同类项，哪些可以删去。

我们主要依据专家评分的百分比、平均值、众数和中数，分析各指标项的重要程度，平均值越高，意味着该指标项越重要；通过上分位数和下分位数之差（IQR），分析专家意见的集中程度。

为了确保专家咨询结果的可靠性，研究首先采用专家权威程度系数 Cr 和专家重要性指标 Cv 对专家评分的可靠性进行分析，Cr 的值取决于专家熟悉程度系数值 Cs 和所有判断系数和 Ca。Cr 值的范围为 0~1，Cr>0.7 说明可接受，Cr≥0.8 说明专家的权威程度较高。Cv=标准差/平均值（SPSS 计算出均数和标准差），表示专家对指标重要性、计算公式合理性、收集方法可操作性的协调程度，系数越小，说明专家协调程度越高，通常认为 Cv<0.25 的指标是一个较好的指标。本书 Cr=（学术水平+判断依据+熟悉程度）/3=0.915（Cr≥0.7），表明第一轮专家咨询结果的可信度较高。

专家们对于评价指标体系的反馈意见可以概括为"修改指标名称""修改指标表述""增加/删除指标""指标从属领域变更"四大类。根据数据分析，专家意见协调度较为一致，见表 6-2 和表 6-3。

表6-2 人才胜任力评价体系一级指标的数据评价

指标	职业道德与精神	专业知识与技能	数字智慧与技术	社会情感与交往	创造思维与学习	个人特质
变异系数	0.149	0.161	0.168	0.134	0.112	0.155
数据评价	√	√	√	√	√	√

表6-3 人才胜任力评价体系二级指标的数据评价

序号	指标	N	平均值	标准差	变异系数
1	A1诚实守信	11	4.88	0.354	0.073
2	A2崇高理想	11	4.25	0.707	0.166
3	A3敬业精神	11	4.75	0.707	0.149
4	A4踏实肯干	11	4.5	0.756	0.168
5	A5精益求精	11	4.25	0.707	0.166
6	A6持之以恒	11	4.38	0.518	0.118
7	A7服务意识	11	5	0	0.000
8	A8工作热情	11	4.88	0.354	0.073
9	B1商务知识	11	3.88	0.641	0.165
10	B2管理知识	11	4.38	0.518	0.118
11	B3人文知识	11	4.38	0.744	0.170
12	B4法律政策	11	4.5	0.535	0.119
13	B5实务操作	11	5	0	0.000
14	B6策划设计	11	4.63	0.518	0.112
15	B7语言表达	11	4.88	0.354	0.073
16	C1业务操作系统	11	4.5	0.535	0.119
17	C2信息检索	11	4.38	0.518	0.118

序号	指标	N	平均值	标准差	变异系数
18	C3数据处理分析	11	4.38	0.744	0.170
19	C4直播与新媒体运用	11	4.25	0.463	0.109
20	C5办公软件	11	4.5	0.535	0.119
21	D1人际沟通	11	4.75	0.463	0.097
22	D2团队合作	11	5	0	0.000
23	D3情绪调节	11	4.75	0.463	0.097
24	D4组织协调	11	4.62	0.518	0.112
25	D5反省审思	11	4.62	0.518	0.112
26	E1创造性思维	11	4.63	0.518	0.112
27	E2终身学习	11	4.75	0.463	0.097
28	E3努力钻研	11	4.5	0.535	0.119
29	E4风险预测	11	3.5	0.895	0.272
30	E5包容开放	11	4.38	0.744	0.170
31	E6分析决策	11	4.38	0.744	0.170
32	F1心理抗压	11	5	0	0.000
33	F2积极乐观	11	4.88	0.354	0.073
34	F3勇于挑战	11	4.63	0.518	0.112
35	F4自信进取	11	4.75	0.463	0.097
36	F5常怀感恩	11	4.63	0.518	0.112

系数越小，说明专家协调程度越高。6个一级指标变异系数分别为 0.149、0.161、0.168、0.134、0.112、0.155，说明专家对一级指标专家协调程度较高。36个二级指标的专家协调度，除"风险预测"的指标外，其他指标均符合 $Cv < 0.25$ 的要求。指标的名称具体修改情况为：删

除"E6分析决策",该指标与"创造思维""终身学习""反省审思"含义重叠,将其改为行动层面上的"问题解决";"F1心理抗压"改为"身心抗压",突出旅游人才对身体素质以及健康的要求;删除"E4风险预测",该指标不易测量,改为"灵活应变",表述更加准确。与此同时,专家对各指标的具体表述进行了较为仔细的讨论与修改,使具体表述更加准确且通俗易懂。

6.3.2　第二轮专家咨询的开展与指标确定

第二轮专家意见征询的步骤与第一轮相同,继续对第一轮修订后的评价指标体系征询专家意见。第二轮只有2位专家提出修改意见,主要集中在指标的描述上,建议指标表述更加清晰,避免指标之间的重复。36个选项的得分均值都在4分以上,所有指标均符合Cv<0.25的要求。同时,一二级指标肯德尔系数为在德尔菲法中用来检验专家对指标的评分结果是否一致的指标。这也是衡量人才评价指标体系中多个等级变量相关程度的一种相关量,Kendall's W协调系数范围为0~1,其数值越趋近于1协调程度越好,本次得到的结果符合要求,也相对可靠。

通过两轮专家评议,我们确定了由6个一级指标、36个二级指标构成的旅游应用型卓越人才胜任力评价体系。

6.4　评价指标体系的权重计算

层次分析法是由美国运筹学家萨迪(T.L.Saatty)提出的一种决策方法,通过对定性消息的定量化处理来解决结构较为复杂的问题,通过构建矩阵和方根法统计专家评价意见。层次分析法是多目标决策法中常用的方法之一。

6.4.1　层次结构的构建

我们根据对旅游应用型卓越人才胜任力评价体系的分析,构建了旅游应用型卓越人才胜任力层次结构图,如图6-1所示。

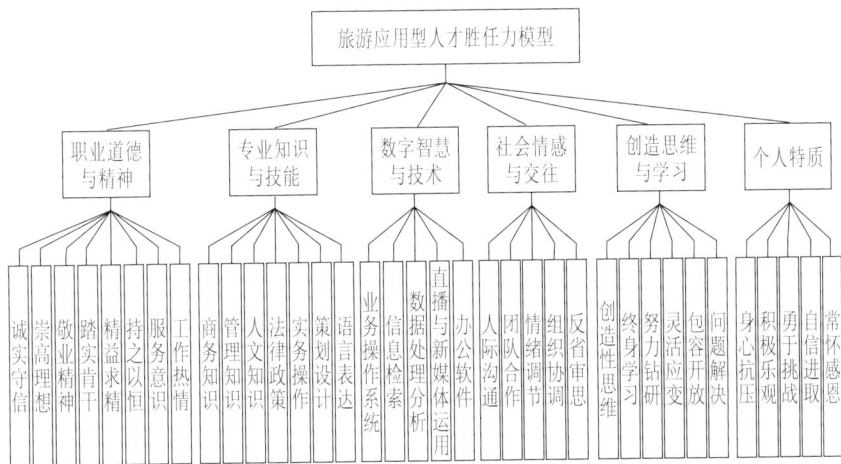

图6-1　旅游应用型卓越人才胜任力层次结构图

6.4.2　矩阵构建与指标权重的确定

在软件 Yaahp 中建立低阶层次结构后，得到旅游应用型卓越人才胜任力结构各指标重要性两两比较的判断矩阵，如图6-2所示。专家在软件内根据提示，分别对各指标重要性进行打分。针对回收后的问卷，计算一级指标的相对重要程度。为了有效得出各级指标的相对权重值，本书采用层次分析法软件 Yaahp 进行分析，通过一致性检验后，可得出各项评价指标最终权重值。表6-4为专家的相对重要程度的判断矩阵。分析判断矩阵能够确定专家打分的一致性，将判断矩阵的赋值进行2次归一化处理，最终将得到一级指标的初始权重值。

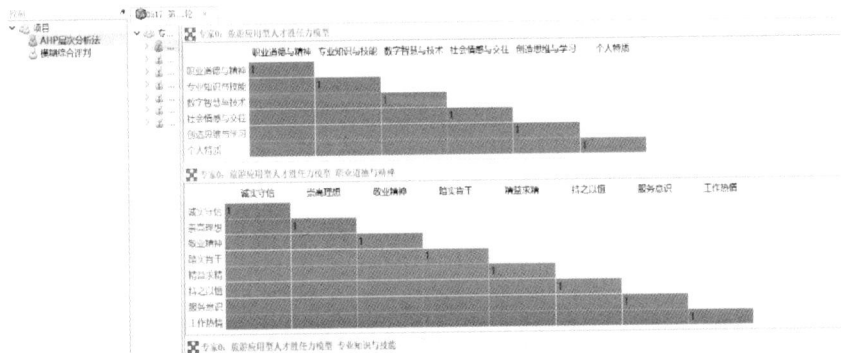

图6-2　旅游应用型卓越人才胜任力指标判断矩阵

表6-4 旅游应用型卓越人才胜任力评价体系

一级指标	权重值	二级指标	相对权重	组合权重
A职业道德与精神	0.2519	A1诚实守信	0.1724	0.0434
		A2崇高理想	0.1249	0.0315
		A3敬业精神	0.1287	0.0324
		A4踏实肯干	0.1218	0.0307
		A5精益求精	0.1136	0.0286
		A6持之以恒	0.1131	0.0285
		A7服务意识	0.1136	0.0286
		A8工作热情	0.1119	0.0282
B专业知识与技能	0.222	B1商务知识	0.1941	0.0431
		B2管理知识	0.1871	0.0415
		B3人文知识	0.1306	0.029
		B4法律政策	0.1474	0.0327
		B5实务操作	0.1149	0.0255
		B6策划设计	0.1146	0.0255
		B7语言表达	0.1114	0.0247
C数字智慧与技术	0.2094	C1业务操作系统	0.2356	0.0493
		C2信息检索	0.2	0.0419
		C3数据处理分析	0.2085	0.0436
		C4直播与新媒体运用	0.1784	0.0374
		C5办公软件	0.1776	0.0372
D社会情感与交往	0.1441	D1人际沟通	0.2237	0.0322
		D2团队合作	0.2219	0.032
		D3情绪调节	0.1938	0.0279
		D4组织协调	0.1832	0.0264
		D5反省审思	0.1774	0.0256

续表

一级指标	权重值	二级指标	相对权重	组合权重
E 创造思维与学习	0.085	E1 创造性思维	0.1863	0.0158
		E2 终身学习	0.1789	0.0152
		E3 努力钻研	0.172	0.0146
		E4 灵活应变	0.162	0.0138
		E5 包容开放	0.1546	0.0131
		E6 问题解决	0.1462	0.0124
F 个人特质	0.0876	F1 身心抗压	0.2026	0.0178
		F2 积极乐观	0.2451	0.0215
		F3 勇于挑战	0.1952	0.0171
		F4 自信进取	0.1817	0.0159
		F5 常怀感恩	0.1754	0.0154

6.5　评价体系的应用验证

为更好地验证评价工具的有效性和可信性，我们邀请实习单位的行业专家对旅游应用型卓越旅游人才进行试评，评价等级 A、B、C、D、E、F 分别赋值 6、5、4、3、2、1，通过 Cronbach's α 系数检验评价工具可信度。在第一家 K1 中，Cronbach's α 系数值为 0.8350 > 0.8，第二家 K2 中，Cronbach's α 系数值为 0.7240 > 0.6，说明在两家实习单位对旅游人才的评价中，评价者评分可信度较高。因此，本书构建的旅游应用型卓越旅游人才胜任力评价体系各指标内部一致性较高，信度较高，评价结果具有较好的可信度。

整体来看，该评价工具能够较为全面地评价新时代旅游应用型卓越旅游人才胜任力的各方面要素，对我国旅游类应用型卓越旅游人才胜任力教育的科学评价具有一定的参考价值。但同时也存在一些不足，在初步应用评价工具时，选择的评价样本过少，评价单一、专家数量有限，未能开展大量的胜任力评价，其信效度也只是从内容以及评分者角度分析，因此需要进一步地研究与验证。为更好地验证评价工具的信效度，本书将把评价工具应用于旅游类院校实习生和毕业生的人才评测中进行观察评价，实现对评价指标体系的迭代优化，最终形成完整、成熟的人才胜任力评价指标体系。

7 旅游应用型卓越人才胜任力培养的现状审视

应用型卓越人才是对不同行业杰出人才的统称，然而在不同的教育阶段、不同教育领域，对应用型卓越人才的定义是有区别的。以往职业教育培养的主要是技术技能型人才，但是在建设我国现代职教体系的新时代进程中，应用型人才的培养内涵、培养单位和培养机制等都亟待进行理念和模式的转变。从职业领域的杰出工匠来看，历史变革与时代发展赋予了他们卓越的新内涵、新理念和新要求。职业教育培养出来的应用型人才同时具备应用型知识与能力、可以使用特定的技术工具或者传承技艺手段。现代职教体系下职业教育面临着转型发展的问题，应用型人才培养体系初步形成，已经晋升为职教本科和即将晋升为职教本科的高职院校成为培育应用型人才的主战场，但是它们所培养的人才与社会对应用型人才的实际需求还有很大的差距，需要对其培养现状进行审视。

7.1　人才培养的职教特色

在现代职业教育体系的建设进程中，职业教育既承担着技术技能型人才培养的任务，也承担着应用型人才培养的时代重任，这是未来职业院校尤其是部分高职院校、职业本科院校的发展趋势。结合应用型卓越人才的职业院校培养，须追溯过去发展历程和发展区域，以审视的眼光去思考。处在贫困地区的农耕社会是以结对学徒为主体的人的技艺化，处在欠发达地区的工业化社会是以制度化教育为主体的人的技术化，发达地区的信息化社会是以德技并修、工学结合为主体的人的整全化。

（1）人的技艺化

在农耕时代或者生产力较为落后的西部地区，生产关系主要以家庭和家族为基本单位，匠人从事和传承简单的生产劳动，其中的诀窍与技巧主要是通过匠人的操作实践来亲身体会或者通过家庭或者师傅对工艺诀窍、技巧和技能的口述世代相传。师傅带徒弟是典型匠人培育模式，教学内容是相对稳定的，即把针对某项技术或者技能作为教育的形式；教学时间是相对稳定的，即学徒学习也就是师傅传授的教学过程，是在反复手工实践中完成的。

（2）人的技术化

工业化社会或者中部地区的匠人们从独立制作手工艺生产中抽离，转到参与并适应机器生产的实践方式中来。机械化大生产需要大量的技术熟练工人，匠人教育将机器生产的客观要求变成教育意义和实质内容，按照机械化生存的实际程序创设现实情境，进行合理的技术技能教学。其规范化、标准化的生产模式和熟练化操作促使技术工人培训呈现出较强的工具理性和制度化教育特征。

（3）人的整全化

以计算机、互联网技术为主要形式的信息社会或者东部发达地区在推动人类发展过程中其实是将依附机械化的技术生存转为信息以及形成信息化思维。人从繁重的、机械的生产劳动中获得解放，成为信息的生产者、传播者和使用者，通过对信息的掌控和把控以及主体间的互动来间接地操作机器设备，进而控制整个生产过程。创造性思维、主体间的良性互动、与环境的适应以及知识灵活驾驭成为培育匠人的总体要求。

旅游职业教育所培养的应用型卓越人才是指专门从事文旅行业的，在相关领域开展生产、科研、教学及推广服务的人才。卓越人才与基础人才的工作岗位、工作任务以及对应的具体能力都有很大不同。无论是工作范围、工作难度，还是在创新性上，卓越人才的要求都远超过传统基础岗位的要求。如果说传统旅游类致力于培养适应旅游企业日常工作的初级"服务员"，那么"卓越人才"则是直接对应旅游企业发展亟须的创新性、前沿性的"管理者"。旅游类卓越人才是当今旅游企业最看重的中高级人才，包括职业经理人、销售主管、策划主管、专业咨询师等，他们掌握着生产、服务、管理的前沿能力。这种旅游应用型卓越人才的素能结构不同于传统的简单的职业证书能力，而是思维、专业能力、创新、管理等更高层面上的集成综合。

7.2　人才培养的实然困境

通过调查研究及个案研究，研究梳理并探索出旅游卓越人才培养的关键特质和核心能力。然而对人才培养短板与社会需求的研究却发现，存在高质量人才的输出，人才结构的不合理等一系列问题。全人教育是职业教育卓越人才培育的科学指向和特质生成。全人教育的教学核心不是技能教育，不是就业教育，而是生命体的全面发展的教育自觉。但是从高职院校旅游应用型人才的全人教育的培养形态看，存在复合培育之难融、素养培育之难成和创新培育之难为三类困境。

7.2.1　复合培育之难融

职业教育人才培养有四个层面的复合融通，一是通识教育与专业教育的融通。二是专业群教育与专业教育的融通。三是行业生产与专业教育的融通。四是双创教育与专业教育的融通。专业人才须掌握两门或两门以上的专业或学科的理论知识和技能，具有多角度解决问题的思维与方法，完成从实践到理论再到实践的知识、能力和思维的互融和更新。囿于后现代工具理性和实用功能主义影响，受教育主体长期忽视艺术审美、人文社科、健全人格等通识素养，过分看重专业技术技能的知识传授，认为专业教育等同于专业培训，专业教育与通识教育的融通缺乏受教育主体的主观认同与育人体系的机制保障。短浅的就业观和专业认知窄化导致专业群下的不同专业技能融通也形同虚设。行业生产、双创教育与专业教育的融通需要高校具备产教深度融合的办学资质、师资队伍、培育载体等，但是从人才培育的空间场所看，课堂、宿舍、校园、校企共建基地等封闭或半封闭式空间是人才培养的固定场所；从人才的评价考核机制来看，多以遵守规章制度、知识技能考核作为评定要求，双创等从未列入衡量学校人才培养达标的基准。卓越人才培养需要复合融通哪些知识，如何复合以及考量指标的设定没有形成定论。

7.2.2　素能培育之难成

才者，德之资也；德者，才之帅也。职业人才的综合素质和能力是评判其卓越与否的关键要素，其中包括技能、技法的传承和匠心、匠德的延续。职业人才长期从事某项职业劳动，耳濡目染的职业环境、师徒传承的言传身教和反求诸己的知行合一是成就卓越人才的深层逻辑和隐性知识。相比于检查、说教、驯化、批评、灌输等强加于身的外化导向，基于人的本性的情感对话与反省修身等自然内化其实更能受益于身、久存于心和惠存于根。杜威认为人的知识和行为应当是合一的。如果一个人所学的知识不能影响他的行为以及他的生活世界，他的行为以及生活世界又不能源于他所学的知识，那他就只会养成一种轻视知识的习惯[①]，价值教育形同虚设。综合素能既要应验于课堂、校园等传道授业之地，更要与个体经验、社会生活世界自然衔接，成为生活世界的自觉建构者。校园里知识世界和生活世界被人为割裂，所知所学在生活世界失范，成为素养难成最大的影响因素。

---

① 杜威. 民主主义与教育［M］. 王承绪，译. 北京：人民教育出版社，2001：153-154.

7.2.3　创新培育之难为

"创新"一词义出自《大学》，"苟日新，日日新，又日新"。创新能够带来模式的突破，能够改进或者创造新事物获得效益；创新是卓越人才发展的最高智慧，也是重要的生命驱动。高职院校教育教学以知识的识记与应用为主，对关联学科之间、专业之间高阶思维、探究体验与问题解决缺乏针对性的教学探索。生产性实训基地与虚拟仿真教学能够提升理实一体的教学效果，但实际问题的复杂性和情境发生的多变性会被人为简化与主观遮蔽，受教育主体的感知体验受到干扰，智慧创新的能动性和生成性遭到压制。

创新链需要与产业链、教育链、人才链有机衔接，才能发挥作用，为学生发展赋能，为产业发展增能。然而事实上教育链与行业产业链断裂，具体表现为学习成果无法通过技术转化和商业运作来验证其准确性、科学性和合理性，任务导向的课程项目教学评估始终禁锢在教学层面，创新条件所需的技术优势、资源共享和开放环境受限难以释放能量。作为卓越人才培育的指导者、资源的连接者、项目的引进者，高校在技术研发、市场灵敏、成果转化、营销法律方面存在弱势，亟待企业、政府、第三方等多方主体的共同参与，外在制度环境共同支持。不同主体的"有限责任"能够灵活驾驭创新教育的合力达成，但是现实中参与主体积极性较低，或者说，参与主体的"有限责任"的缺位现象较为严重。

7.3　人才培养存在的问题

党的二十大报告提出，教育、科技、人才是全面建设社会主义现代化国家的基础性、战略性支撑。要全面提高人才自主培养质量，着力造就拔尖创新人才。《国家职业教育改革实施方案》明确指出职业教育与普通教育享有同等重要的地位。职业教育以直接培养和提高劳动者的职业技能为目的，具有很强的针对性和专业性。《国务院关于加快发展现代职业教育的决定》提出要完善职业教育人才多样化成长渠道，健全

"文化素质+职业技能"，将人文素养教育贯穿培养全过程，推进人才培养模式创新。中共中央办公厅、国务院办公厅印发《关于推动现代职业教育高质量发展的意见》，提出一体化设计职业教育人才培养体系，推动各层次职业教育专业设置、培养目标、课程体系、培养方案衔接，支持在培养周期长、技能要求高的专业领域实施长学制培养。加强各学段普通教育与职业教育渗透融通。中共中央办公厅、国务院办公厅印发的《关于深化现代职业教育体系建设改革的意见》提出拓宽学生成长成才通道，以中等职业学校为基础、高职专科为主体、职业本科为牵引，建设一批符合经济社会发展和技术技能人才培养需要的高水平职业学校和专业。这些论述都开宗明义地指明了未来职业教育将大有可为，大有作为，职业教育人才培养迎来了新格局和新契机。

7.3.1　基于职业教育人才培养的场域构型

布尔迪厄给出场域的简要定义，场域是位置之间的客观关系的网络或构型。场域的形成是占据这些位置的行动者或者组织借助自身不同类型的权力或者资本进行实际分配的潜在处境以及他们与其他位置的客观关系。行动者和组织机构所拥有权力和资本的排他性意味着获取场域中利害攸关的利润的多少和质量。职业教育与普通教育、工作场所之间的壁垒和阻隔没有打破，职业教育人才培养长期禁锢在自我系统内部进行优化和改革，其生源场域的有效性、培养场域的驱动性、工作场域的适应性成为制约场域动态互动的阻隔所在。①

（1）生源场域的有效性不足

职业教育的生源一部分来自高考的普通教育生源，一部分来自职教高考的优质职业教育生源，具体表现为职业教育内部的纵向衔接与普职跨界的纵向融通。其中跨界纵向沟通是职业教育卓越人才培养的重要来源，主要是由初中到中职教育或高中到高职教育融通两块构成。②我国职业教育人才前期充分浸润在普通教育为主的场域中，较为关注学科

① 布尔迪厄. 实践与反思：反思社会学导引 [M]. 李猛，李康，译. 北京：中央编译出版社，2004：131-135.
② 肖龙，陈鹏. 高职生源的供给侧改革——普通高中与高职教育衔接的视角 [J]. 中国职业技术教育，2017（29）：15-19；25.

成绩和学科能力培养，职业意识和职业启蒙教育相对不足，对职业教育缺乏专业认同和入门凤愿。从普通教育场域到职业教育场域，中、高职生多为普通教育中、高考筛选下来的学业不自信者，他们不同于国外技能优越生的选拔，基本是经历学术考试的不胜任被迫踏入职业教育场域。不认同和不胜任导致职业教育成为普通教育筛选失败者的"接收器"。

（2）培养场域的驱动性不足

人才培养不是聚焦在某一学段或是物理空间的内部资源整合和模式优化，而是审思职业教育卓越人才培养之于现代职教体系的价值意蕴和场域重构。一是，职业教育在培养人才的时候，过于注重技能教育和就业导向，这使得职业教育毕业生在遭遇就业歧视的时候，确实也无法展示自身审辨式思维、创新素养、沟通能力与合作能力以及公共意识和公共能力。①教育最终是关注个体的生命成长，指向的是个体的自由、全面的发展。回到教育本身，发现人的差异，因材施教，尊重主体发展意识，激发价值观以及个人禀赋，从而为职业教育提供优质生源，推动职业教育人才培养。二是，职业教育具有外部适应性、内部衔接性和多元性等特性，职业教育位于对上衔接、对下输出的中间枢纽层，之于普通教育、职业教育和工作场所学习的有机衔接和耦合动力不够，从更广阔的视野上尚未形成可持续发展的、纵向衔接、横向沟通的一体化职业教育人才培养体系，形塑着与上位场域、下位场域都相适应的旧惯习的更迭和新惯习的生成。

（3）工作场域的适应性不强

从职业教育场域到工作场域，社会对职业教育的知识偏见致使职业教育人才无法将教育转化成自我阶层提升的有力筹码。在高职院校毕业生的就业统计中，从中职院校升学来的学生更愿意在职业技术岗位求职，而从高中普通教育端口来的学生则更愿意努力求学从而升本进入普通高等教育的路径上来。这一方面是因为职业吸引力不够，社会对职业教育认可度不高，另一方面是因为高中生自身并没有摆脱普

---

① 陈鹏，庞学光. 培养完满的职业人——关于现代职业教育的理论构思〔J〕. 教育研究，2013，34（1）：101-107.

通教育的痕迹，职业教育在就业场域没有发挥其魅力，社会地位不高，让受教育者不得不返回到普通教育场域中。这样不仅违背了国家高素质技术技能人才的培养初衷，而且也无法回应国家技术型社会的人才结构需求。

7.3.2 基于职业教育人才培养的资本重置

布尔迪厄认为资本具有产生利润和复制自身的潜在能力。行动者排他性地拥有资本，可以体现为物化的或活的劳动形式的社会能量。资本表现为三种基本形式，即经济资本、文化资本和社会资本。职业教育产教融合的培养模式使人才在历经普通教育、职业教育和工作场域过程中完成资本积累和重新置换。贯穿前两个场域主要是文化资本，工作场域主要是经济资本和社会资本。在布尔迪厄看来，文化资本以三种状态存在，即身体化的状态，表现为心智和肉体的相对稳定的性情倾向，比如言辞的流利、审美趣味以及教养，这种文化资本的获得往往是在耳濡目染中完成的；客体化的状态，表现为文化商品，诸如图书、工具、机器之类，它们是理论的印迹或实现，可以通过物质媒介来传递；制度化的状态表现为社会对资格的认可，特别是教育文凭系统所提供的学术资格。职业教育场域重技轻文的培育导向和低倾向社会地位认可度，使得职业教育毕业生无法拥有和普通教育毕业生一样足够的文化资本。而职业场域虽然有顶岗实习的过渡期以及产教融合的办学模式，但是在职业教育场域成长起来的毕业生在进入工作场所时，缺乏足够的社会资本和经济资本，仅有文化资本在工作场所无法得到重用。在以学徒制为特色的工匠的成长过程中，社会资本是一个持久的网络所带来的实际的或潜在的资源总和，这一网络或多或少由制度化的相互熟识关系构成。徒弟由师傅带进门，建立圈层新场域的社会资本。行动者所拥有的社会资本总量，取决于其所能有效动员的关系网络的规模，也取决于与他有联系的那些人自己所拥有的经济、文化或符号资本的总量。这才使得职业教育毕业生逐步拥有立足职场的自信和后期实现潜力的发展。

7.3.3　基于职业教育人才培养的惯习重构

布尔迪厄强调惯习作为一种外在性的内在化，它是组织化行动的结果。惯习是在场域里的社会位置上形成的，是对客观位置的主观调适。高素质技能人才培养，不但在于技能之"高"，还表现为技能成长之"长"与"跨"①。职业教育是跨界的教育，高素质技能人才的培育路径兼具人才成长和职业特色的双重特性，无论是早期学徒制，德国双元制还是校企合作、产教融合，普遍将培养视域集中在职业教育场域外界的资源整合和跨界的过程磨合，即将企业需求和就业导向直接反哺职业领域人才培养。然而，职业人才培养是长期孕育过程，既需要回应场外的资源链接，又需要回归教育主体的主动性、自觉性和整全性，思考职业教育卓越人才的实际境域。

职业教育的特殊性在于教育场域的异质性较为明显，具备长期性和跨界性的高技能人才培养链条从踏入职业院校的第一天就向前延伸至处于生源准备阶段的基础教育中，就要准备好实现普职教育的衔接与协同。从现代国家职业教育体系构建来看，职业教育不仅是学段教育，它还蕴含着职业技术、职业素养、职业精神的多元化概念，在不同的学段都需要职业教育意识的输入形成惯习。

7.4　人才培养的转变趋势

职业教育既是工作场所的跨界教育，又是教育系统的子场域，具有明显的生态位特征。随着职教二十条、现代职教体系、新职教法等的政策驱动，与普通教育具有同等地位的类型教育的确立，现代职业教育体系的纵横贯通的持续建设，为职业教育高质量发展创设了前所未有的改革有利条件，也激发了各行动主体之关系场域构型变化的可能。培养高素质技术技能型人才与未来大国工匠的教育使命成为新格局下职业教育高质量发展的重要命题。

---

① 陈鹏，肖龙. 跨界与进阶：普职教育衔接研究［M］. 北京：中国社会科学出版社，2021：35-36.

7.4.1 育人理念走向价值与工具理性统合

育人理念从依赖单向度的工具理性走向工具理性、价值理性的统合。传统知识观始终认为知识是静态的、单向度和线性的，受教育主体是知识的旁观者，关注知识作为静态层面的工具意义，确认其手段的有用性，以此追求物的最大价值功效。这无形中割裂了知识主体与受教育者场域间的互动关系，弱化了知识生产的价值理性。整全人教育反对教育的工具化倾向，注重教育内在价值的提升，学生的每一个方面，包括身体、知识、道德、智力、社会性、创造性、精神等方面都需要得到充分发展①。职业教育的知识体系不同于普通教育的学科体系，它来源于实际生产，在解决工作过程的项目任务和实际处理的过程中蕴藏丰富的人类智慧，通过提炼丰富的文化基因和多元价值，形成知识结构和教学体系，让受教育者在学习、体验或者实践中充分感受职业教育知识与技能的育人功能和价值，实现育人的工具理性和价值理性统一。

7.4.2 育人内容走向融通协同与观照共生

育人内容从碎片孤立、分解断裂走向融通协同、观照共生。传统教育注重单项内容的传授，忽视多种内容的联系。教育的教学本质是整合学习，是"基于相互联系与整体性的原则"的，它把学生视为身体、心灵、情感和精神完整发展的整体的人，通过多种形式的共同体，发展成学科之间、学习者之间建立关联的教学方式②。人的全面发展需要德智体美劳多方面的摄入以及内生结构的体系统一。零星知识的"孤军奋战"、阶段环节的"单打独斗"，难以凝聚共识，形成同频共振。各类学科知识、各阶段育人环节不再是互设壁垒、割裂化或者碎片化的，而是多维且开放，互补又整合。协同融通能发挥各要素单独作用的整体效益，与其他教育互相观照共生，印证立体化多维育人空间。

---

① 谢安邦，张东海. 全人教育的缘起与思想理路 [J]. 全球教育展望，2007 (11): 48-52.
② 魏清. 全人教育视野下的有效教学 [M]. 北京: 社会科学文献出版社，2012.

7.4.3 育人主体走向关注经验和行动过程

育人主体从关注学习内容走向关注主体经验和行动过程。古希腊的普罗泰格拉认为"人是万物的尺度",马克思认为"社会实践活动是人的主体性生产的根本依据"。人是自然的主体、社会的主体、自我的主体。整全人教育提倡个体对知识实践的探究与体验,其本质是提升主体的主动性与创新性。呼应杜威提出的"活动改造经验知识"教育思想,整全人教育紧紧围绕学生这一中心和经验生成,强调主体与知识之间实践与应用关系。置身行动中的学习内容不是旁观者的被动理解,而是学习个体对不确定情境的行动转变和主动探究的结果,具有情境性、复杂性和生成性。关注学习个体活动经验,多形式地开展德智体美劳教育活动,其实是激发受教育者在其生命的维持与进化中不断生成,即教育知行合一的行动过程。整全人教育提出的新学习机制、学习方法、学习过程和学习协作,适应工作场所学习需要和终身学习需要,将"做中教""学中做"渗透在教与学的方方面面,是受教育主体教育自觉的实践观。主体的价值存在和知行合一是作为活动主体的人所具有的根本特性,回归生命主体,让受教育者体验和实践"活的教育",从而实现自身成长与社会进步。

7.4.4 育人环境走向与主体之间的交互设计

育人环境从设计主体与教学情境的交互转为设计主体与环境的交互。富尔曼说当今学校的主要任务是为生活实践及未来就业作准备。随着学习边界与工作情境的日益消融,高职院校不能仅仅满足于创设"类工作"的教学情境来影响学生学习成效,诸如工作场所的学习氛围、校园文化、企业文化和传统文化的熏染或工匠精神传承等这些我们统称为非正式学习或隐性知识的环境教育,其实更能塑造和激发个体的生命力和创造力,引导学习者基于问题解决来发现学习和深度学习。环境是人生活的具体真实存在,是不同价值观念和文化认知的起源地。我们是带着自己的认知和情感生存于世、创造于世的。全人教育注重整体性价值的环境营造,支持人与技术、人与自然、人与社会之间的共生关系,强调我们与周遭环境共属一体，不同的存在在这个系统中共同演化和相互交织，从而使我们认识到对他者的责任，他者不是我的对象，而是与我共生的存在。未来的大国工匠人才无论是借助于系统化的物理世界生产具体物品，还是沉浸于"另一半"的人文环境调动身心，抑或高度驾驭和自如切换在两者之间互动，都需要形塑人与环境交互、人与文化对话的关系性存在。

旅游应用型卓越人才培养既提出人才培养模式的结构要素要齐全，内容涵盖要全面；又提出构建模式要强调联系，强化要素间的系统和相互协同、发挥作用。

8 国际旅游应用型卓越人才胜任力培养的基本经验

中国旅游教育正经历着转型期，面临前所未有的时代性发展契机与全球化人才培养的挑战。一方面，旅游市场蓬勃发展，旅游地位持续提升，旅游需求质效升级、旅游业成为名副其实的战略性支柱产业和现代服务业；另一方面，旅游劳动力市场的结构失衡、旅游人才流失严重、旅游院校合并消减。逆差之下，中国旅游教育需要整合政府部门、行业协会、学校、企业等各方资源并优化资源配置，重新定位和构建旅游人才培养的内涵。[1]

旅游是一门实践性很强的应用类学科，我国旅游人才培养还处于发展阶段，距离欧美等发达国家的成熟期不止于数步之遥。[2]借鉴与拿来，应以合理为准绳，嵌套有分寸。

---

[1] 《中国旅游教育年度报告2014》课题组. 中国旅游教育年度报告2014［R］. 北京：旅游教育出版社，2014：91-117.
[2] 邹统钎. "全球旅游产业领袖"培养模式研究：国际化背景下首都旅游高等教育发展模式研究［M］. 北京：北京师范大学出版社，2011：46-97.

8.1 旅游应用型卓越人才培养的国际比较

以瑞士、美国、日本、澳大利亚和新西兰的旅游人才培养为例做国际比较分析，可以发现四地区的旅游人才培养一方面特色分明，契合区域旅游市场需要，另一方面也体现出强化国家保障、发展行业协会、联合企业政府、加强国际合作、注重人才知行合一的共性特征。中国旅游教育在借鉴与吸收国外政行校企合作经验的同时，需要从宏观国家层面、中观学校层面以及微观教学层面对国家资历框架、专业教学标准、政策法律保障、产学联盟、国际合作、课程体系、教学模式、教师发展、学生素养等做探索实践。

8.1.1 以瑞士为代表的欧洲经验

欧洲是世界旅游教育的起源地，瑞士是欧洲旅游教育的始祖，其闻名全球的洛桑模式注重技能操作和职业素养①。瑞士旅游教育传承欧洲职业教育的办学特点：第一，充分发挥行业协会的指导职能。欧洲早期的学校基本都是由行业协会创立的，如瑞士的酒店管理学院都是由瑞士饭店协会（SHA）创立的；协会允许高质量的学校加盟，指导学校教学，与欧洲旅游业协同发展。第二，强调与时俱进的双师型教师结构。欧洲教师绝大部分都有在企业长期工作的经验，还有不少担任过高层管理者的职务，学校要求教师周期性地去企业挂职锻炼，如洛桑学院要求教师每隔3~5年重新回到企业。第三，注重实践教学的分层与考核。实践教学层次有基于课堂的操作实习、基于课程的项目实习以及基于岗位的毕业实习，实践教学考核严苛明确，如学生不但要亲手制作产品，还要分析产品质量，有问题时还要调查原因，提出解决问题的办法。第四，嵌入与行业对接的职业资格证书。欧洲拥有一套完备的职业考试和资格认证制度，以各种资格证书和文凭为桥梁将中等、高等、继续教育以及劳动力市场相互联结起来。如瑞士洛桑学生学业结束后获得国际酒

---

① 刘伏英. "洛桑模式"对我国高校酒店管理专业教育的启示［J］. 中国高教研究，2005（8）：78-79.

店行业认可的就业证书，在各国高星级酒店可直接上岗，一般可任部门经理、助理，不必再经历实习期。第五，以操行学分为手段，强化品行教育。欧洲学校十分重视学生职业品行教育，用双重学分制来确保学生在校期间养成良好的职业素质和习惯。

8.1.2 以美国为代表的北美经验

美国作为全球旅游教育资源最为发达的国家，其旅游人才培养目标有别于"洛桑模式"，致力于培养中高端旅游人才。北美旅游教育主要以美国为典型，呈现出以下特征：第一，放眼全球，聚焦高端。康奈尔大学酒店管理学院的培养目标是"为全球培养21世纪招待业的领袖"；普渡大学的办学宗旨是"为培养全面专业化的技术人员，为学生提供全面的技术训练，将来在所选择的专业领域获得成功"；密歇根大学则是"凭借教学、科研和服务的实力，做招待业教育事业的带头人"。美国高等旅游教育的定位是培养国际化人才，国际化不仅要会外语，而且要具有国际眼光和视野、了解国际最新知识和经验、具有国际交流和合作等全面素质和能力。[①]第二，强化领导力，提倡体验化。美国旅游教育的课程内容以旅游行业的发展变化和学生职业生涯规划与兴趣为依据，尤其重视学生领导力的培养；教学方式注重现场体验（IXP）和问题导向（PBL）模式。第三，实境镶嵌，店院合一。美国是世界上实行产学研合作教育最早的国家，采用真实的企业项目供学生实践训练，运用企业化运作的教研载体，类似教学酒店、研究中心、实习餐厅等。如康奈尔大学教学酒店的店院合一模式既为学生提供接触一线客人的实践课堂，又提供经营状况的案例和数据，还提供为期两周的学生自主经营训练。美国院校和企业合办研究中心，定期召开学界团体与世界酒店业间的圆桌会议，开办领袖系列讲座区域，共享会议出版物。第四，国家标准，统一管控。美国旅游教育的专业教学标准体系科学、严谨，依据标准开发课程，将教学项目和岗位任务密切对应，并统一形式颁布执行与过程监控。

---

① 黄建伟. 旅游高等院校产学研合作教育模式的中外比较研究——以康奈尔大学酒店学院与北京联合大学旅游学院为例［J］. 旅游学刊，2009（2）：88.

8.1.3　以日本为代表的亚洲经验

兴起于 20 世纪 60 年代的亚洲旅游教育起步晚，发展慢，较为典型的是日本。日本旅游教育早期以专业学校、短期大学及民办力量为主，后以成立日本立教大学为里程碑，开始重视发展本科及以上层次的旅游教育。以日本为代表的亚洲旅游教育的特征有：第一，走国际化办学路径。与欧美各国相比，日本旅游教育比较落后，如果按照常规模式发展将会错失良机，所以他们纷纷加强与世界知名大学之间的联系，开展旅游教育的国际交流与合作。第二，建立市场导向的广域课程。课程设置包含通识课程与专业课程，侧重就业方向与学生兴趣，培养厚基础、宽口径的应用型旅游人才。如日本立教大学旅游学部所开设的科目，充分体现四大内容：关于内心世界丰富的人的形成，关于自我教育能力的培养，关于重视基础、基本的教育与推进个性教育，关乎重视文化传统与推进国际理解。第三，融产、官、学的一体化发展道路。日本旅游教育充分利用产业界、学术界和政府的体制优势，明确各自角色职能，充分调动各方资源。例如，面对复杂工作情景所需要的实践学习，日本政府直接从中央层面对技能教学实施干预，通过引进国外技术人才，在公有企业内部建立培训项目制度等来推动私有企业参与公共部门的技能培训。

8.1.4　以澳大利亚、新西兰为代表的大洋洲经验

澳大利亚、新西兰旅游教育是由职业教育发展而来。目前澳大利亚、新西兰旅游教育在职教与普教两个不同教育类型之间建立互通互认机制，呈现出以下特征：第一，确立终身学习的国家资历框架。澳大利亚、新西兰把旅游教育体系界定为终身学习、资历衔接以及国际互认，通过国家资历框架与可转移的弹性学分来衔接职业资格证书与学历证书，学校学历和企业经历以及不同国别间的继续学习。第二，开发岗位群技能和行业素养的培训包。培训包是澳大利亚课程内容模块化设置的特色方式，贴合旅游职业岗位群的工作实际，获得政府、雇主、教育机构和学生高度认可。第三，推动多方旅游人才培养机制。澳大利亚旅游

教育领域由澳大利亚旅游理事会（旅游企业的最高行业协会）、澳大利亚旅游研究局（由联邦政府资助）、澳大利亚旅游研究理事会及澳大利亚旅游研究学院等组织广泛参与，共同推动。第四，重视培养学生的实际分析能力。澳大利亚学生学习旅游营销课程时，需要去火车上调查餐饮销售状况，分析销售状况不佳的原因并提出对策；学习饭店培训课时，要自选课题给该校自营旅馆的员工上一次培训课。第五，推行多样化的实践教学。初期的校内见习实行轮岗制，配备专门教师和企业员工督导，后期的校外实习分为经营性实习和管理性实习，以增强学生的实际操作和应对能力。新西兰立体化的实训体系包括加强行业认知的实地考察、实施学分考核的计时课程实习、培育职业素养的计时岗位实习等。

8.2 旅游应用型卓越人才培养的经验启示

我国旅游教育人才培养在全球化的时代背景下即将面临或遭遇着变革、突破，甚至是局部颠覆。在吸收与借鉴国际旅游教育"政行校企合作"经验的基础上，本书从宏观、中观、微观三个层面进行本土探索。

8.2.1 国家宏观层面

我国旅游职业教育发展 30 余年，由起初的本科院校旅游专科、综合性行业性高职高专、独立建制旅游专科院校发展到区域旅游教育集团成立、行业指导协会加盟、现代旅游职教体系建立，中国旅游职业教育逐步从外延式、零散式的规模扩张转入内涵式、整合化的质量提升。接下来我国应充分借鉴国外政府深度且有限介入的成功经验，发挥规整、规划、规范、规定的导向与保障功能。规整为先，全面树立以终身学习为主线的旅游教育理念，打破单纯以就业市场为取向的人才培养；规划为上，系统建立与国际接轨、独具中国特色的旅游教育资历框架，细化制定资、学历互认的学分转换机制，促进各级各类旅游教育纵向衔接和横向沟通；规范为标，合力开发对接行业项目和职业资格的旅游专业教学标准，使教学过程能够围绕生产过程得以纠偏与缩距；规定为纲，完善相应的法律保障和政策支持，从旅游职业教育重大体制机制建设到具体实施举措都要有可操作的准绳，组织协调教育部门、旅游部门、市场监管税务和劳动和保障部以及旅游行业、企业之间的、矛盾，扩大旅游院校的办学自主权，发展行业协会的正向功能，提高旅游人才培养的质量。

8.2.2　学校中观层面

旅游学科的应用性与职业教育的跨界性决定了旅游职业院校需要秉持开放、合作、整合的战略视角来承担旅游人才培养的重任。有"常青藤联盟"美誉的中国旅游院校五星联盟成立于2009年10月，在学生互派、教师交流、科研合作、图文信息共享等方面优势共享，几年间即实现了整体崛起，并根据形势发展建立校长级战略合作机制，深入合作努力打造世界旅游教育的中国品牌。五星联盟是国内首创的基于校际合作人才培养的战略模式。除校际合作外，旅游院校还积极探索校企、校政的战略模式，实现企业专业共建、政府业界共话、国际资源共享。

英美等国家旅游人才培养模式提供可借鉴的战略效应包括：第一，产学研的黏合效应。国内院校产学联盟多以廉价劳动力的人力输出以及有限智库与技术资源换取企业的合作，地位较为被动。国外则是以研带产，以产带学，用研学互动的良性循环来稳固学校的主动权，例如学校自主建设、独立经营教学型企业（如教学酒店）与景区化校园，通过店院合一的管理模式来弥补校外企业的责任缺失，校内仿真基地的情景缺失以及改善学生长期出卖廉价劳动力的实习格局。第二，国际化的品牌效应。旅游院校与国际旅游教育联盟、国际旅游组织的合作，引进国外先进培养模式和核心知识产权，加入国际旅游教育认证体系，共享其在教学、实习、就业等方面的资源，依靠平台推动教学改革、教师培养、科技服务，形成品牌竞争力，赢取业界话语权。第三，高定位的辐射效应。国内旅游院校人才培养定位强调高素质、高技能，沿袭的是教育部专业目录的规定或学历层次的传统要求。英美等国家人才培养定位则是全球化、复合型与创新性。新时代旅游人才培养须借助高地辐射，既体现专才的基础和通才的潜力，又反映国际化全球视野和复合型市场需求，还能发挥地方优势整合资源。

8.2.3　教学微观层面

教学是旅游人才培养的核心层面，也是旅游院校最有作为的空间，围绕教学需要借鉴与讨论教什么，怎么教，谁来教，教成谁这几个问题。

一是突出能力本位，完善课程体系。我国旅游教育课程或偏学问化，重知识的系统性和逻辑的演绎性；或偏技能性，轻人才可持续发展能力和素养的培育，或偏雷同化，没有针对学生的个性需求和爱好提供针对性的课程计划。为修正和完善我国课程体系，值得我国借鉴的国际旅游人才培养经验有：课程导向能力化、课程开发专业化、课程内容模块化、课程范围广域化、课程管理弹性化等。

二是创新教学方法，注重实践教学。国外颠覆国内以教师为中心，以课堂讲授为重点，以知识灌输为目的的传统教学模式，在教学方法和实践教学的优势尤为可鉴：创新问题导向和现场体验的教学方法，通过真实的项目和问题引导学生合作，从而培养他们的创新思维、语言表达、人际沟通等能力；凸显实践教学，紧扣应用能力。借鉴瑞士和澳、新经验，分目标、分类别、分层次设计阶梯式的实践教学，如一级是职业认知的考察类，二级是课堂操作的训练类，三级是课程结课的项目类，四级是岗位素养的养成类等。

三是打造双师发展，引进行业精英。对于我国旅游职业院校来说，要改革人才培养模式，必须打造一支具有一流动手能力和实践经验的双师型、国际化教学团队。如特殊引进实践经验丰富并担任中高层管理职务的人才；选派中青年专业教师到企业挂职，积累经验也提供技术支持；聘请行业精英任兼职教师，共同参与本专业教学改革方案的制订教学考核评估和教学工作；选派骨干教师出国研修，实地学习国外先进的教学模式和教育经验。

四是注重学生养成，素养技能兼备。国外旅游人才培养强调实践技能的同时，也格外注重学生职业素质的养成和人文精神的提升。国内旅游企业员工流失率较高以及职业幸福感低的事实，究其原因是学校没有养成学生对职业的认同感以及所应具备的职业素养和人文精神，这里可以借鉴瑞士操行学分制度或者日本通识课程设置。

8.2.4　小结

通过国别区域的比较分析，可以清晰地发现：以瑞士为代表的欧洲旅游教育强调高技能、高素质、高要求的人才培养；以美国为代表的北美旅游教育强调国际化、经营型、管理型的人才培养；以日本为代表的亚洲旅游教育强调厚基础、宽口径、市场型的人才培养；以澳大利亚、新西兰为代表的大洋洲旅游教育强调学习型、实践型、分析型的人才培养。四地区的旅游人才培养一方面各地特色分明，另一方面也体现出基于"政行企校合作"的深层次建设，诸如强化国家保障、发展行业协会、联合企业政府、加强国际合作、注重人才知行合一等共性特征。

通过以瑞士、美国、日本、澳大利亚、新西兰为代表的国际旅游人才培养的特征比较，不难发现我国旅游教育起步晚，历时短，在国家资历框架、专业教学标准、政策法律保障、产学联盟、国际合作、课程体系、教学模式、教师发展、学生素养等方面发展相对并不成熟，应适当借鉴与整合政行校企的各方资源，探索立足于本土的旅游人才培养新路径。

9 全人教育视野下高职旅游应用型 卓越人才胜任力培养的系统设计

从中国传统文化来讲，"教"，上有所施，下有所效也；"育"，养子使作善也。教育，是一个不断使人完善的过程，也是一个无限探索的过程，包括对个人潜能的挖掘，品行与智慧的提升，对知识的吸收，对外界的适应与理性思维的养成。

9.1 全人教育思想的育人理念

自20世纪70年代起，全人教育在联合国教科文组织的系列报告中被屡次提及，受到广泛关注，渐渐成为当今中西方国家的重要教育理念。但实际上"全人教育"到底是什么，它背后有着怎样的理论支撑、发展历程又为何，在当下的教育实践中遇到什么困难障碍，需要建构什么样的学校包括社会支持系统，以及需要学校预备什么样的培养土壤，值得探究。

9.1.1 全人教育的起源发展

全人教育思潮起源于20世纪70年代，到现在也只有40多年的历史，但是其作为一种思想是源远流长的。从古希腊到文艺复兴时期，再到19世纪、20世纪初期，思想家们都对"全人"进行了阐释。

亚里士多德曾说过，人之所以为人，是因为人具有理性，人只有充分发挥自己的理性，发挥自己的高级情感和能力，才能成为一个自由的人。他也指出，教育不是为职业作准备，而是促进人的理性和各种高级能力的发展，培养自由的人。教育要传授的也不是可以在生活中习得的知识，而是自由的知识。这也成了当时西方国家教育的指导思想。

中世纪之后，这一思想渐渐被宗教的思想、神学的思想所取代；到了文艺复兴时期，以维多利诺、蒙田、拉伯雷为代表的人民主义教育家再次呼吁从人性出发发展教育，培养全面发展的人。这种思想后来得到了很多人的肯定，法国教育家卢梭在著作《埃米尔》中指出，自由是一切能力中最崇高的能力，也是人的天性和最重要的权利。教育的目的就是促进儿童生而具备的自然性无限制地自由发展，培养自然人。20世纪中期，永恒主义者赫钦斯说，人是一种理性的、道德的、精神的存在，一种自由的存在，发展理性、培养人性是教育的永恒不变的主题。教育的目的就在于促进人的理想、道德和精神力量的最充分发展，培养完人（perfect man），完整的人（acomplete human being），自由的人和作为人的人。

全人教育作为一种思潮是在20世纪70年代产生的。在后现代主义、生态学、整体论、永恒主义哲学、批判理论的基础上，一些激进的教育家继承并发展了人本主义学派的教育思想，形成以"人的整体发展"为宗旨的联结与转化学习理论。在70年代末，全人教育的主要倡导者隆·米勒提出将这一教育理念命名为"全人教育"。1988年，他的著作《全人教育评论》出版，后来改名为《交锋：寻求生命意义和社会公正的教育》，希望通过该书把这种全人教育的理念转变成一场教育改革运动。

对全人教育的发展来说最重要的时刻是1990年，在这一年，80多位支持全人教育的学者在芝加哥签注《教育2000：全人教育的观点》，提出了全人教育的十大原则，标志着全人教育从一种理念转变成一场教育改革运动。90年代的时候，隆·米勒以《全人教育》期刊为基础创办了全人教育出版社，还创办了伟大的教育理念出版社和教育创新基金会等机构，出版了一批全人教育的著作，宣传全人教育理念。全人教育理念不仅在北美发展起来，而且在其他的国家和地区发展起来。

在加拿大，约翰·米勒出版了《全人课程》、《全人学习》和《全人教师》等一系列著作。墨西哥的雷蒙·加力格斯·那瓦的全人教育著作《全人教育：普世之爱教育学》的出版，在西方产生很大的影响。在我国台湾、香港地区也有一批学校、一批学者，基于中国文化来开展全人教育的研究。

目前，全人教育范式的主流发展有三种：一是美国的全人教育。通过通识教育、创新实践和美式生活学习社区来实现。美国通识教育从源起到发展至今经历了古典自由教育课程实践模式、自由选修课程实践模式、分布必修课程实践模式、经典名著课程实践模式、核心课程实践模式、主题联结式课程实践模式。创新实践重视讨论方法的运用，增加实践型教学环节、营造学习共同体、多样性或全球学习、服务学习、实习和顶点课程等。美式生活学习社区在社团方案如何策划、宿舍教育如何开展、社会实践实习如何设计等覆盖学生教育经历的所有环节均有讲究（代光英，冯维，2011）。

二是英国的全人教育。英国通过自由教育、跨学科整合和英式住宿学院来实现。自由教育和专业教育有机地结合为一体，认同和重视传统能力，包括口头和书面的表达能力、解决问题的能力、创新能力、团队工作能力等，它们都是一般性的和可迁移的能力，可以通过专业教育或者联合专业群的形式实现。跨学科整合注重加强学科与学科之间的贯通与联系，通过课程组合来实现其所开设的经验课程，遇到问题时能够从比较开阔的跨学科的视角进行思考。

三是我国的全人教育。我国香港和台湾地区探索人的生活、道德、情感、理智的和谐发展，着重关注学生的问题解决和任务导向、多样化的学科知识、多样化的训练、服务劳作学习、素养培育、团队社会融洽等素能培养，通过改革通识教育课程内容、改革学分认定体系、尊重学生的个性差异，改革教学方法，创设学生自主学习和主动学习的环境等途径实现育人全方位发展（史铭之，2013）。还有部分高校推行中式书院，双院育人模式，推行全人教育视域下的师资培养、创新人才培养、校企合作模式构建、职业指导建设、德育工作、就业教育体系构建、学生职业素养培养等内容（刘宝存，2004）。

9.1.2 全人教育的基本主张

（1）为人类的发展而教

全人教育认为，个人的发展优先于国家经济的发展。教育应重新审视个人作为人的价值，即和谐、平静、合作、合群、诚实、公正、平等、同情、理解和爱。学校是所有人都乐于学习，而且学生可以获得发展的地方，而不应该仅仅培养学生学会服从、忠诚和纪律。只有作为个体的人，过上了圆满的生活，过上了健康有益的生活，对国家的发展才是有意义的。所以个人的作用、个人的重要性是大于国家的。

（2）将学习者视为独立的个体

每个学习者都是独特的、有价值的个体，且都具有潜在的创造性、独特的生理和精神等方面的需要和能力。因此，我们教育者们需要对每一个人宽容、尊重和欣赏。而现在，学校以年级为单位将学生进行区分，提供标准化的教材和测验，其实是不利于培养和发展人的。所以应该用心理学等专业知识来指导教学，并根据不同的学生、不同的学科采取不同的教学手段的方法。

（3）强调经验的关键作用

教育和经验是密切相关的，所谓学习是个体和周围打交道的过程，是获得周围经验的过程。教育是让个体由经验自然而健康地成长，而不是借助有限的、割裂的、预先编制好的课程来发展学生。教育应通过学习者对自然界的经验，把学习者和自然界联系起来。

（4）强调整全的教育

全人教育最重要的观点是整体性。在教育过程中，尽管每个学科都有它的价值，每个学科都有它独特的作用，但是它们都是整体中不可分割的组成部分。

（5）教育者的新角色

教学是集艺术敏锐和科学操作于一体的工作，必须重新理解教师的角色。教师是学习的促进者，应该根据需要来设计和运用学习情景，以适应学生的特殊需要。教师需要和学生建立相互学习、共同创造的教学过程，且以学生为中心，了解和尊重每个学生的需要。

（6）拥有选择的自由

自由是全人教育非常重要的理念，真正的教育只有在自由的氛围中才能实现，对于个体来说，自由地探究、表达、成长都是必要的。在学习的过程中应该给学生自由选择的机会，让他们在学习的过程中能够发挥作用，发表意见，同时也应该让学生在学习的过程中负起责任。

（7）为参与式民主社会而教

真正的民主社会是一个公民积极参与社区事务的社会，是一个独立思考的社会。因此，我们必须建立一个真正民主的教育模式，培养公民的同情心、正义感、原创性思维和批判思维。

（8）为培养地球公民而教

每一个人都是地球公民，在这个时代，我们所有的年轻人都需要了解人类文化的多样性，学会了解和尊重其他文化，并确立地球生态的思想，强调人和自然的共存。

（9）为地球的人文关怀而教

地球和生长在其上的所有生命共同组成了一个相互依赖的整体，人类的发展是与周遭的万物密切联系在一起的。教育必须激发个体对地球的人文关怀，使人们认识到宇宙星球的本质、个人和地球万物间互相依存的协同关系，认识人在生态环境中扮演的角色和应该负有的责任。

（10）精神和教育

所有人都是精神性的动物，他们可以借助其天赋、能力、直觉、智慧表现自己的独特性，每一个人不但可以在生理上、情感上、智力上发展自己，而且可以在精神上发展自己，净化自己的灵魂。教育必须不断培养个人的精神，使其健康成长。这是全人教育十大原则的基本理念，目前成为世界上各国家和地区的很多学校在倡导全人教育时遵循的基本理念。

9.1.3 全人教育的时代价值

从20世纪90年代末到21世纪初，我国有很多学者探讨如何培养全人。在现在的教育中应该坚持以下方面：

（1）促进学生"全人发展"的培养目标

全人教育对传统教育只重视知识传授和技能培养的培养目标提出批评，倡导教育培养完整的人，使人在身体、知识、技能、道德、智力、精神、灵魂、创造性等方面都得到发展，成为一个真正的人，一个具有尊严和价值的人，一个作为人的人，而不仅仅是一个雇员、一个国家的人力资源、一个政治或经济的工具。

（2）基于整体经验的课程设置

课程是基于经验的，因为每一个人的发展都是基于经验的。在界限分明的各学科之间建立起广泛的联系，倡导多学科、跨学科、超学科课程，形成共建共享、互动融通的交叉性学科课程体系，加强课堂教学与实战实践相融合。

（3）让学生在体验中主动发展的教学方式

全人教育者倡导经验性的、生成的、有机的、合作性的、个性化的多元教学方式；倡导开展讨论、批判性的质疑；倡导根据人的不同特点和学科的不同特点开展差异性的教学。他们反对把教学的目标仅仅聚焦在考试、分数、排名这些外显的指标上，虽然在现在不可能完全实现，但是积极性也是非常明显的。

（4）在互动中相互支持、彼此关爱的师生关系

在全人教育中，教师应该是促进者，是学生的伙伴，是与学生共同成长的人，是学生心灵的导师。这是全人教育特别强调的教师角色。全人教育鼓励教师和学生构建一种真正的学习共同体，而非有等级差别的关系。

9.1.4 全人教育的现实困境

不管是倡导全人教育也好，还是其他的概念也好，很多理念现在是没有办法完全实现的。全人教育从某种意义上来讲，是理想化的理念。

全人教育吸收了很多不同流派的哲学理念，比如说整体性哲学、生态论、神学等，这些理念之间的边界是不一样的，其逻辑性也不一样。关于全人教育，其实并没有统一标准，这就造成了全人教育在真正实施中有很多困难。如今功利化的社会与教育环境，也是全人教育的阻力之一。

第一，自由与结构的平衡困境。全人教育强调自由，但是自由是有限度的，学校教育无法像全人教育倡导的那样给予学生无限制的自由。

第二，经验学习与主流文化之间的困境。在现代社会中，如果离开了学科是没有办法进行更好的学习的。在与主流文化相冲突的情况下，全人教育不能被完全接受。

第三，有机多元方法与标准化技术之间的困境。全人教育强调创造多元、开放、个性化的环境，鼓励学生发挥直觉、创造和想象。但是教育制度是僵化的，课程和考试是标准化的。在这个过程中如何达到平衡，仍然是一个难题。

第四，慢速教育与绩效问责之间的困境。在这个绩效化的时代，如果我们"慢速"了，不按照现在的社会要求去开展教育，那么校长和教师又该如何被评估。全人教育是一种理想，是我们应该追求的价值理念，但是如何实现它，需要我们每一位校长、每一位教师发挥聪明才智，结合实际情况，一步一步、一点一点地去改革。

9.2　全人教育思想的整合架构

9.2.1　系统理论与人才培养模式

（1）系统理论

全人教育指出，教育是一个系统。然而，系统是系统科学中的一个核心概念。系统的说法最早起源于古希腊，在古希腊语中的意思是将各个部分进行整合，形成一个整体。我国对于体系进行了更加详细的说明，认为体系首先是一个整体，这个整体是由相关事物构成的，这些事物之间既有联系，又有制约，彼此间通过各种作用形成了整体。

系统论为人们认识世界提供了更广阔的视角，它主要研究系统各要素之间的构成和功能，各要素以及系统整体与外部之间的联系和影响，以及组成系统的各个要素之间的关系和作用。对于一个系统而言，要素是其最基本的单位，单独的要素是没有意义的，只有要素互相作用和影响才能够形成一个系统，才具有了一定的意义，因此各个要素之间也才具有了相应的意义，才有了它们的价值。

任何事物或体系都可以看作一个系统，而系统的构成是有层次的，一般由系统、子系统以及各种要素构成。系统的结构主要研究的是构成系统的各个要素之间的作用方式，包括联系方式和影响方式，它可以从内部来观察系统的整体情况。系统的功能指的是系统与外部环境之间的影响和作用，它体现了系统的整体能力的情况，体现出一种物质交换的方式和关系，其能量的大小直接体现出构成系统的各个要素之间的作用情况和与环境之间的作用情况。系统既受内部构成要素的影响，又受外部环境的影响，当我们确定了外部的环境时，系统的整体主要就由各要素产生影响构成。因此可以粗浅地得出以下结论，即如何判定一个系统的功能的大小和能量的总体情况，我们要看构成系统的各个要素之间的作用情况，各个要素之间的作用强，则系统能量强，反之亦然。

（2）人才培养模式的要素、结构与功能

人才培养模式是利用系统论来解释和指导旅游人才教育的具体实施和人才培养模式的构建。根据系统论的观点，旅游人才培养模式是一个整体系统，而这个系统是由各个要素组成的，这些要素包括人才培养的目标，包括课程设置、教学的各种方式方法以及组织管理，考核评价机制等等，这些要素之间进行各种作用和各种影响，相互作用下形成了教育模式这个有机的整体。各个要素是系统的组成部分，也就是说通过分析和讨论各个要素，可以反映系统整体的状态和一些特质，并且能够看出各个要素之间的作用，以及要素和系统对环境的影响。通过不断地分析人才培养模式系统间的各个要素，我们就可以更好地把握人才培养这个系统，并且利用要素之间的作用，不断优化系统结构，更好地发挥系统的作用和功能。

对于旅游人才培养模式而言，就是结合经济社会的需求，利用各种教育理念，开发相应的教学模式，遵循人才培养的整体规律，不断提供满足社会整体需求的旅游人才，同时该模式需要包含一定的结构和运行方式。尽管应用型卓越旅游人才培养模式要素和一般旅游人才培养模式要素是相同的，但前者应有别于后者，各要素应被赋予新的内容，在各环节要求和培养机制上应更加深化和创新。

9.2.2 协同理论与人才培养合力

（1）协同理论

协同学作为一门学科体系是在基于个人理性分析的西方文化氛围下形成的。其创始人德国联邦斯图加特大学的物理学家赫尔曼·哈肯（H. Haken）教授在耗散结构理论的启发下于1969年首次提出了"协同"的概念，用以反映复杂系统的子系统间的协调合作关系。"协同"是指两个或者两个以上的不同资源或者个体，协同一致地完成某一目标的过程或能力，强调组合效能大于个体功能。

系统利用其各个要素和子系统之间的作用和影响，产生竞争与合作，通过非线性的影响，产生"1+1>2"的效果，促进整个系统的发展，使得旧系统不断转变成新系统，无序的结构变成有序的结构，赋予系统新的功能。因此我们可以得出一个结论，协同即创新，或者说协同的主要目的和主要作用就是创新。

（2）人才培养要素的竞争与合作以及演化创新

外界参与开放系统内部各要素或各子系统之间，其实存在着既竞争又协作的关系。当控制参量达到临界值时，系统中就会形成虚参量主导或支配着整个系统的活动进而与其结合在一起，自行演化发展为更具有竞争力和关联性的系统，形成新的有序结构。而与此同时，构成系统的各种要素或者子系统之间不断作用、不停影响，产生了新的机制，最终形成了新的系统，产生了新的结果。这种结果是单个要素无法达到的。因此，协同行为本质上不仅仅表现为合作，更表现为竞争基础上的合作。竞争是协同的基本前提和条件。系统内部的各要素间或子系统间的竞争是永存的，只要它们之间有差异，就会形成竞争。事物发展的不平衡性是竞争存在的基础。

人才培养过程是一个极其复杂的非线性过程。纵向层次涉及培养目标及规格、课程体系、教学内容、教学模式等各要素，横向层次涉及通识教育、专业基本理论教育、旅游实践教育、职业素养教育等子体系，都需要按照人才的培养目标和国家制定的教育标准，通过竞争形成一个相互开放、相互联系、相互作用、相互协同、共同创新的协作共同体，形成新的有序结构。

①专业教育和职业道德教育相协同。坚持德育为先，立德树人，塑造学生的知识、能力和人格。在卓越旅游人才培养中，坚持课内课外相结合、显性教育与隐性教育相结合，在安排两课和系列职业道德旅游人文课程的基础上，通过实践育人、文化育人、科技育人等活动，培养学生与职业相关的素质，锻炼其沟通协调的能力和旅游人文素养，使其养成比较好的职业道德。

②专业教育与通识教育相协同。旅游教育不是单单的独立教育，其具有两面性，需要将专业教育和通识教育进行结合。旅游教育是自然科学与人文社会科学的统一。卓越旅游人才不仅要具有较宽广的旅游人文知识和自然科学基础，而且要有扎实的旅游专业基础；一个优秀的旅游从业者必须既要关注旅游科学技术的进步并进行学习，又要关注旅游活动中的德、仁、慈、责、情等，保持自然与人文的平衡。优秀的旅游人才培养模式，一种是采取"2+1"模式，强化通识教育；一种是在通识教育阶段安排诸如科学、艺术、管理等多学科交叉融合，以培养多学科背景下的复合型人才。

③专业教育与人文教育相协同。旅游人文教育包括了"两课"以及边缘交叉课程，如旅游经济学等课程。一是通过旅游人文课程的学习，使学生学会从人文的视角解释旅游问题；二是内化学生的品格结构。在旅游实践中，全程渗透人文关怀；人文关怀意识需要在前职业时期即大学时期潜移默化地完成，这不仅需要老师的引导，更需要良好的校园人文关怀氛围的熏陶。学校可以利用旅游的专业优势，开展志愿服务活动，增强旅游专业学生的社会适应能力，加强学生的自我教育，培养学生的奉献精神。

④"校""部""院"多主体协同。旅游应用型卓越人才培养机制、培养模式的建立涉及多个部门的参与与协同创新，必须解决多主体之间

难以实现资源共享和协同育人的问题。应启动下列机制：一是目标协同机制。各层级保持培养目标方向上的一致性与协调性。二是开放动态协调机制。人才培养体系是一个复杂系统，这个系统应符合建构理论的要求，系统的各个组成部分和要素之间与外部的环境无时无刻不进行着信息和物质的交换，并且一直在相互协调、动态调整。三是合作联动机制。站在"大旅游"育人的高度，充分整合发挥资源优势资源的辐射作用，合力开展教学改革，才能发挥整体效应。

9.3　全人教育思想的实践设计

结合全人教育思想与职业教育环境，从全人教育的系统和要素角度，思考卓越旅游人才的育人机制，从课程体系、教学模式、环境营造和管理机制出发，初步形成卓越人才培养系统设计，从而全面提升旅游卓越人才的核心竞争力。

基于职业教育场域，围绕全人教育的价值内涵，旅游应用型卓越人才有着自己的行业特色和应用特色。在之前的章节中，我们讨论过，应用型人才培养包括本科、硕士和博士三个层次，技术技能型人才培养包括中职、专科和本科三个层次。由于新建本科院校的应用转型，应用型人才的概念得到了社会的普遍承认；近几十年高职高专教育的大发展，尤其是职业本科教育的出现进一步强化了职业教育的类型特征，技术技能型人才的概念再次引起了公众的关注。职业教育是唯一一种可以同时在应用型人才培养和技术技能型人才培养中承担"双肩挑"角色的教育类型。如何在刚刚升本的职业本科教育人才培养设置中，实现技术技能型和应用型人才的衔接和区分，需要进行持续的思考和实践。

基于职业教育场域去讨论应用型旅游卓越人才是十分有必要的，它既是对技术技能型人才的职业前瞻性发展，也是对传统性应用型人才的实践考察。全面发展的人才不是被分割的，其有着发展的连续性、选择性和可变化性，基于人的全面发展角度，实现人才培养的根本目的和发展内涵。因此，研究提出基于全人教育的人才培养的系统设计，主要体现在课程体系、教学模式、环境建设和管理机制几个维度上。

9.3.1 构建基于"关系"的课程体系

基于"关系"的课程体系，需要构建与整合式发展课程相关的内在联系与外在逻辑，诸如课程与课程的关系、课程与专业（群）的关系、课程与社会的关系以及课程与学生的关系。合理开设高复合、强素能、重创新的博雅课程、专业课程、专业群课程以及双创教育课程。尊重学生差异，制定自由选修、分布必修的开放学分认定制度，发挥跨学科、宽视域、拓素养的协同效应和强化功能。除此之外，创建区域发展的本地化课程、文化传承的乡土课程以及产教融合的企业课程包，联结校企、校政、校际深度合作纽带，跟进新技术、新工艺、新规范的更迭与交替。这些基于"关系"的课程具有"活课程"的特质，有效衔接了学习个体的知识世界和生活世界，要注重动手技能，又要养成高阶思维，实现"教育即生长，教育即生活"的生命教育本质。

9.3.2 构筑基于"整合"的教学模式

美国教育学家布鲁纳认为学习包含三个几乎同时发生的过程，即新知识的获得、知识的转化和知识的评价，其本质是主动形成认知结构。基于"整合"的教学模式，以三个过程为框架整体，渗入到教学目标、教学方法、教学组织形式、教学评价和师生关系中。教学目标关联知识、能力和素质的三维整合，多维度融入教育主体的伦理、意识和灵魂等以探索人的生活、道德、情感、理智层面；教学方法融合协作学习、混合学习、情景学习、信息化教学等手段，着重沟通协商、反思对话和团队融洽；教学组织形式立足学情，灵活转换技能训练、思维研讨、项目任务、社会实践、工作坊学习、专业社群互助、节展赛庆等高影响力教育实践，统合个体通识、通德和通智的和谐发展。教学评价是个体在主动、积极、充分参与学习的基础上形成的交叉和多维学习反馈的整合。学生潜能挖掘的真实过程、生命体验的意义和欣赏信任的师生关系，有助于实现专业本位—能力本位—人格本位的全人发展评价。

9.3.3 营造基于"整体"的教育环境

环境教育是学校文化的延续、历史传统的积淀和实物符号的表征，是群体意识、行为规范和价值体系的隐形学习和共同烙印，影响着教育教学过程的组织与安排，潜移默化着卓越人才的价值观与主体行动。多元化的高职环境教育包括教书育人的校园文化、产教融合的校企文化、文化传承的传统文化以及主体者能动创造的组织氛围。打造书院环境和主题活动丰富学生文化生活，将宿舍、社团、主题活动与教学形成整体的育人环境。充分发挥尊重学生在环境教育中的能动性和自主性，传递学生是学校生活和学习的主人的教育理念。

9.3.4 健全基于"发展"的管理机制

全人教育视野下高职院校学生管理是以学习主体正向成长自觉性为导向，践行高职院校"服务+发展"学生的管理理念，健全管理主体协作和全面化、多元化和精准化的管理评价，形成学生全面发展的教育管理路径。第一，树立对学生成长有引领作用的管理理念，摒弃有求必应的保姆式管理和以管为主的封闭式管理，保姆式管理满足的是学生的惰性需求而不是发展性潜能需求，封闭式管理多以行政指令，少用协商民主，缺乏有效促进卓越人才主体自觉成长的激励手段和引导措施，两者无法体现人的主体性发展以及学生主体思维与行为活动的选择性、差异性和多样性。第二，协同学校职能管理、校企合作治理等不同力量齐抓共管，实现权责利相统一。校内连同二级学院、教务管理、学工管理、就业管理等进行横向联动的人才链式管理；校外连同实训基地、实习企业、用人单位、服务社区或者乡镇政府等进行纵向深入的人才网格管理，实现人的全面发展的管理体系。第三，完善不同育人组织和办学力量的评价机制，合理设计以人的主体发展为导向的全面化的评价内容、精细化评价指标和多元化评价方式，系统纳入卓越人才培养的评价体系。

10 全人教育视野下高职旅游应用型卓越人才胜任力培养的实现路径

教育要将尊重和发展个体生命作为其理念的基本支撑点和全部实践活动的逻辑起点乃至最后归宿。在研究中我们发现，核心能力的发展在工作五年以后的重要性已经远超专业技术能力。作为被培养对象，在与社会有了更多的交集之后，人才培养的关注点逐步趋同，更加追求"人"的完整性和卓越性。因此，对于高职应用型旅游卓越人才胜任力培养而言，既要遵循人才成长规律和教育现代化理念，又要聚焦一流核心目标深化人才培养供给侧结构性改革，统整理念引领、课程设置、教学模式、培养平台、机制体制的重要作用。

本书聚焦于院校教育阶段旅游人才培养具体环节的模式构建或改革的研究，尤其是结合国家行政体制改革后全人视野下的旅游应用型卓越人才培养新模式，研究人才培养构建的层次性划分和层级原理。人才培养模式应由以下几个层次构成：第一层次，教育思想、培养目标、规格及模式，它对第二层次起着导向作用。第二层次，课程体系、教学内容，教学方法和手段、学习模式等，它是第一层次的具体化，是改革的核心。第三层次，教学组织管理、教学评价等，它是第一、二层次实现的必要条件，也能适当调整第一、二层次的要求，起着保证和制约作用。三个层次的要素之间相互联系、相互制约、相互协同，完成整个人才培养系统的功能，如图 10-1 所示。

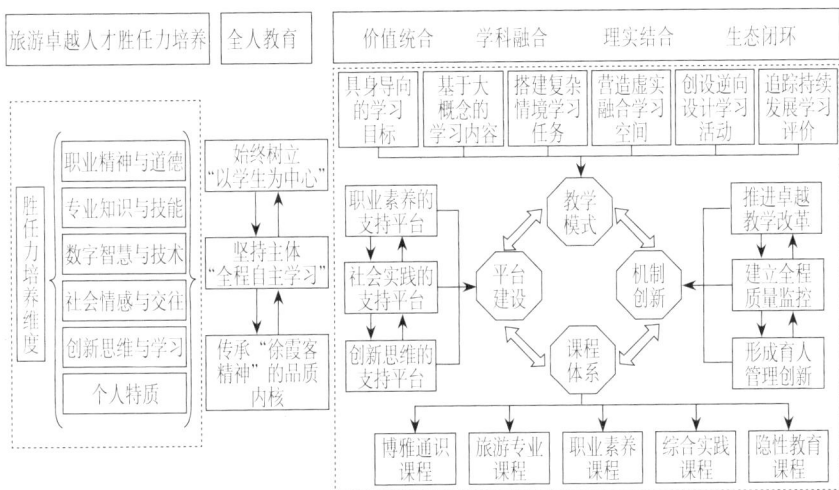

图 10-1　旅游应用型卓越人才胜任力培养的实现路径

10.1　培养观念突破，重塑育人的价值引领

人才培养模式的改革和设计需要理性地建立在现代教育理念基础上，而先进的教育理念对旅游卓越人才培养能够起到推动和引领作用。依据旅游卓越人才培养要求，引入"以学生为中心"、学生"全程自主学习"以及"徐霞客精神"的旅游人文教育理念，以丰富全人教育思想在旅游领域的内涵，指导旅游卓越人才培养模式改革。

10.1.1　高职院校始终树立"以学生为中心"

把学生作为教学的主体，无论是培养目标、课程设置、教学方案等，都要考虑学生自身成长过程中的需求，考虑社会对学生知识结构、实践能力和综合素质方面的需求。这对旅游卓越人才培养模式改革实践，具有一定的指导意义。

在以学生为本的教育理念下，教育历经几十年的探索与改革，逐步形成了共识，由以往的以学科专业教育为导向，向以知识、能力、人格或素质协同发展为导向转变；从培养高级专门人才向培养打破学科界限，培养多学科背景，科学精神和人文素养兼具的复合型、创新型人才转变。国内一些一流职业教育大学越来越重视以人的全面发展为本，推进第一课堂课程体系改革，拓展深化第二课堂隐性教育，加强通识教育，强化实践导向，培养学生的创新精神和实践能力，形成了以人为本的改革趋势。

美国一些大学特别强调学校的一切工作都必须体现以学生为中心，将学生视为顾客，以学生发展为原则，设计及开展教育教学活动，让每个学生在校期间都能享受到最好的教育。校方开设大量与学生学业发展、身心发展、社会需求相适应的课程，供学生选择；在课程设计、学生择课以及专业确定方面，都最大限度地体现了学生的自主性。

以人为本或以学生为中心的理念的意义在于，适应了教育变革的趋势。从心理学层面来看，提倡"以学生为中心"，提出学习是实现自我价值的途径，学习使个人潜能和人格得到充分和均衡发展。从哲学层面来看，在教与学这对矛盾中，学生的学习处于矛盾的主要方面。另外，学生应该意识到，自身的努力程度决定未来命运，其成败完全由自己掌握。衡量和评价教育改革成效，要把从学生需求出发，作为起始点和落脚点。从教育学层面来看，教育的外部规律主要是看是否适应社会发展需要；而教育的内部规律主要是看是否适应学生身心发展的需要。总之，以学生为中心确立学生在教学中的主体地位，揭示了学校的一切教育活动都要站在学生的利益需求角度来评判。

10.1.2　学生主体持续构建"全程自主学习"

审视国内旅游人才的社会需求和培养现状，不难发现，对学生综合素质和能力的需求与现有旅游院校教学模式下的毕业生供给间存在着不平衡。这种不平衡反映了现有人才培养模式和教学方式的陈旧与功利，培养学生具有很强的倾听和应考能力，明显缺少创新与综合分析能力，尤其缺乏主动发现、思考和解决各类问题的能力以及自主学习能力。总之，单一的"老师教授、学生听取"的教学手段会扼杀学生的创造力和竞争力。

自主学习是学生学习的本质状态，是一种重要的学习方式，也是一个重要观测点。学生的自主学习活动过程和理论教学、实践教学应当是全程相互伴随、相互缠绕，符合系统科学的自组织理论。系统科学揭示了凡是一个非线性的开放系统，都可以产生稳定有序的自组织结构。自组织活动就是一个系统在没有外部指令的条件下，其内部各子系统（要素）之间能够自主促成某些规则，形成一定的结构与功能，并以特定的方式朝某一方面发展的客观过程。

学生的学习过程在教师、教材和教学场景三个要素以及个体前一阶段的学习经验、身心状况等各方面条件下，调整和控制自己与外界环境之间的交换过程，进而具有自组织的开放系统特征。自我激活、自我定向、自我调整、自我规划、自我控制、自我评价等六个方面是自主学习的重要特征，它们互为条件、互相制约、相互促进。学校应以培养旅游卓越人才为出发点，以全过程自主学习理念为基础，具体分析和构建自主学习过程与其他各教学环节之间的关系及模式，探寻学生自主学习的规律，提升学生主动发现问题、分析问题的能力，进而在实际问题解决过程中提升其岗位胜任能力。

10.1.3 发扬传承"徐霞客精神"的品质内核

"徐霞客精神"主要包括旅游人文精神和职业精神。人文精神在于忽略旅行当中的孤苦与磨难，寻找旅行的快乐，并以旅行为一生的生存方式，在"旅行"中寻找美、发现美、创造美，成就休闲的最高境界。游览中的开阔眼界、陶冶情操，行走中的吃苦耐劳、磨炼意志，与人交流中的相亲相爱、彼此温暖，这些都是徐霞客人文精神的精髓。"徐霞客精神"所传递的职业精神，立足求实，贵在创新，是旅游学科难以攀越的标杆，是中华民族文化自信的成功典范，是我们认识客观世界、治学研究的宝贵财富。"徐霞客精神"具体包括质疑、实地、客观、寻源、严谨、辩证。

质疑。质疑需要具备独立思考能力和批判性思维。中国古代地方志较多，古代研究者几乎较少去实地研究，而是对史料进行汇编或者摘录，对结论并未一一考察。徐霞客则不唯书，他会先收集地方志的相关书籍，然后进行实地考察和咨询当地人，对书中的错误言论提出质疑，从而纠正了历史上的许多谬误。

实地。实地需要具备做事的恒心、毅力和热爱。徐霞客21岁考察太湖，54岁考察云南，足迹终止于此，这是因为滇游导致其双脚溃烂，实在不能行走。他一生足迹遍布全国各地，毕生精力和心血都奉献给了地理学事业。他之所以能够创立前人未创立的学问，描绘前人未见识过的场景，积累前人著述中不曾见过的宝贵资料，根源于他长期、丰富的实地考察。

客观。客观需要具备对事实的数字素养和文学素养。徐霞客游记中对各种地理事物均能做到如实反映。他既有文字优美的形象描述，还有精准定量的数字描述。形象化和数字化的文字表述均是为了客观、准确地记录其所见所闻，带有朴素的唯物主义观点。

寻源。寻源需要具备刨根问底的精神和反求诸己的品质。徐霞客在考察云南六大水系的时候，基本上依靠双腿行走，精神可嘉。过嵩明查出两大水系（杨林海子和盘龙江水系），是在从滇东往滇南、顺南盘江考察回来，深入滇南数千米的基础上，第二次进入嵩明寻根北盘江的源头。

严谨。严谨需要具备探索求真的精神和百折不挠的特质。徐霞客随身携带有各类书籍和动植物考察标本，会从不同方向、不同史料对旅游目的地进行多次反复考察，这也正是《徐霞客游记》翔实可信之处。极其严谨的治学态度，尽可能得出唯一性结论。

辩证。辩证需要保持开放的心态和抽象总结的能力。徐霞客对所研究的实物进行反复比对，眼中的高度，目测的距离，是为了尽可能准确描述事物的真实性，其比对分析、多角度地归纳总结，就是一种辩证的认识观。

10.2　课程体系重构，推动育人的核心载体

旅游专业学生坚持专业理论教育、实践教育、职业素养教育三位一

体的理念，促进知识、能力、人格的形成；课程体系补充新兴交叉边缘学科；培养方案提供更多灵活的选修课程、探究性课题和第二课堂的隐性教育活动等，把卓越人才培养落到实处。注重人格塑造，通过提升学生的文化素养和创造能力，为应用型卓越人才的成长打下坚实基础。改变过去"文化基础知识"够用就行的课程导向，也不能满足于只教授学生工作岗位的基础操作技能等入门性质的技能，而应向学生提供充足的能够促进其个体发展的文化基础课程和职业发展的课程，重视专业兴趣与动机、关键人格塑造，着重培养学生的核心素养、学习能力和创新创造能力。

10.2.1 博雅通识课程

旅游专业的特色及其教学模式决定了通识课程在人才培养方案中享有重要地位。通识课程包括"两课"、文化和科学素养课、旅游和人文交叉课、学生身心发展课等内容。它在课程体系中具有独立结构和前置基础，与整个课程体系相协同，进而实现人才培养目标。其基本思路是立德树人、三全育人，将国家需要、社会需求和人的全面发展系统贯彻到通识课程建设中。

第一层次："两课"，即思想政治教育课和马克思主义理论课。学生初步掌握马克思主义的基本原理，树立科学的世界观、人生观、价值观，使学生具有历史唯物主义和辩证唯物主义的哲学基础修养和必要的政治知识，能够解决自身发展中的理想、信念问题，提高其思想政治素养。"两课"可以通过学时课程加专题讲座的方式开展。

第二层次：文化和科学素养课。其目的是加强学生对文化和科学的认识，丰富文化内涵与底蕴，主要有大学生语文、计算机应用基础等。

第三层次：旅游和人文交叉课。这主要为旅游与人文相结合的交叉学科课程，旨在加深学生对心理、社会、行为、文化、智慧旅游等问题的理解，培养学生的综合素质。

第四层次：学生身心发展课。这旨在促进学生的个性发展和职业发展，包括心理健康、职业生涯规划、就业指导、创新创业教育、体育、美育等课程。

这四类课程，虽具有层次性并各司其能，但又相互联系、相互渗透、相互贯通、相互协同，将各课程形成一个具有特定功能的整体结构，而这个结构又和其他课程子体系进行交叉融合和联系。

10.2.2　旅游专业课程

将旅游类学生传统课程体系结构的三类课程（公共基础、专业基础、专业核心课）设计改造为五大课程模块。旅游大类专业课程既需要满足岗位胜任，又要适合长期发展；既要有理论基础，又要满足实务导向。因此，在建设旅游大类专业课程体系的同时，需要考虑专业课程的结构化、层次性、递进式和可选择性。鉴于此，本书把旅游大类专业课程分为专业基础课、专业核心课、专业拓展课、专业方向课、专业选修课五种类别。专业基础课和专业核心课集中指向的是旅游卓越人才的知识、能力和素养培育，能够实现国家、社会和行业对人才的动态变化要求。专业核心课程对标人才培养方案以及国家课标要求，将职业教育岗课赛证的新技术、新工艺、新要求融入进来，将课程思政融入专业教学。专业拓展课和专业方向课注重的是学生岗位迁移能力和发展能力以及跨学科的知识储备。根据行业动态变化，设置相应的拓展课，时刻保持与行业变化动态平衡。专业选修课则是依据学生个人的兴趣爱好，在学校能够实现的基础上，提供给学生相应的发展平台。例如，现在很多学校的酒店管理与数字化运营专业加入了大数据、数字化运营方向的专业选修课程。

旅游业课程体系根据模块功能定位，将原来学科式的若干门课程进行归类，整合为多个课程群，即每个模块由经过分析整合的课程群来构成。所谓课程群（Curriculum cluster）就是在维持原有的学科设置的条件下，将关联度比较高的学科和课程融合在一起，进行统筹规划和整合，形成一个新的体系，以此来提高整体教学质量的方法。从按类别来组合课程到按块划分课程体系再到形成课程群，这不仅仅是简单地进行课程体系名称的改变，也不仅仅是课程数量的增加或减少，更重要的是它们之间的内涵、形式和功能都发生了变化。经过扩充和整合必修课程，与其联系紧密的选修课程，以及隐性教育有机结合形成五大课程模块，构成一个具体的具有可操作性的课程体系结构。在近几年的横向或纵向课程整合改革中，本质上是对一个课程群内部及群与群之间课程进行更加细致复杂的整合与改革的结果。

10.2.3 职业素养课程

职业素养的培育事关旅游应用型人才的固本培基，包含职业道德、职业价值、职业认同、职业启蒙和职业伦理等。不同于通识课程、专业课程是以课时的方式得以实现的，职业素养课程更多是以活动课程、劳作课程、养成课程的整合方式实现。

职业素养是社会基本道德在不同职业中的具体体现，是正确处理职业内部之间、职业与社会之间等各种关系的行为规范。学生的职业素养不仅关系着他们今后的择业、就业以及未来的职业前景，而且关系着用人单位的形象、声誉和利益，关系着整个社会的文明程度。在职业素养培育方面，一是将徐霞客的精神全程融入人才培养过程，从新生入学到毕业，根据专业特点，有序开展教育活动；二是充分发扬榜样激励，安排职业素养专家讲座、行业大国工匠进行职业教育启蒙；三是组织学生定期前往文旅行业单位或者基层开展强素养活动；四是组织师生进行有主题的校内外的劳动教育和养成教育，以学分的方式在行业实践和技能培训中学会精益求精、人文关怀、交流沟通。通过这些教育活动的设计与实施，形成"选择→接受→整合→内化"等内在认识过程，强化学生人文精神和价值观的形成，潜移默化地提升学生的职业素养。

10.2.4 隐性教育课程

坚持课内教育与课外教育相结合，是建立隐性课程体系的前提。学校是一个独特而有序的世界，学生不仅从显性课程中获得知识和技能，还能从学校的物质文化环境和社会心理氛围中获得有关审美的、道德的合理性的认识，以促进人性的完善和个性的发展，实现态度、动机、价值和心灵成长。忽视隐性课程的教育价值，必然会影响整个课程体系功能的发挥。隐性课程教育，是综合素质教育的重要组成部分，更是孕育创新意识、养成创新素质和发展能力的"培养基"。只有把隐性课程有机镶嵌于整个旅游课程体系之中，建立起各类课程自体系相协同的完善的"大"课程体系，才能真正实现课程结构的整体优化。隐性教育课程体系，主要通过第二课堂"四个模块"实现，完善学生职业素养，促进实现学生"全人"和"完整的人"的目标。

（1）思想道德教育板块

一是通过第二课堂生动活泼的理论学习、主题教育和有创意的团体活动等形式，进一步亲身实践第一课堂的学习成果，提升思想政治觉悟和理论修养；二是邀请海内外知名校友、行业或者企业专家和学者，开展专题讲座和旅游职业道德教育，内化学生品格和职业精神的形成。

（2）社会实践与志愿服务板块

社会实践与志愿服务板块是实施素质教育的重要手段，是深化拓展课堂教学的重要途径。通过组织学生在文化旅游企业进行讲解、策划、管理、服务、设计等，或者完成企业见习-课程实训，并将其纳入课外培养计划，并赋予学分。其主旨在于促使学生在运用知识施展才华、服务社会的过程中提高综合素质和内化职业素养，使学生了解社会，了解基层旅游状况，增强社会责任感。

（3）校园文化活动板块

校园文化活动板块旨在通过校内文化艺术节、专业技能周以及各类各色的文化活动，加强学生人文社科、文化艺术和健康身心方面的培养，使校园文化活动和人文素质教育、艺术素质教育、心理素质教育等有机结合，使学生在高品位、高格调的第二课堂和校园文化中实现完整人的提升。

10.2.5 综合实践课程

实践教育是围绕教育教学活动目的而开展的、学生亲身体验的实践活动。其主要包括全人教育阶段探索自然规律，掌握人文社科、自然社科、行业实践等而展开的基本科学实验；实践阶段经过整合后的多层次、多模块验证性、综合性、设计性实验，也包括各类实习（预见习、早期接触、课间实习、生产实习等）、旅游行业技能实训。随着旅游教育的发展和文旅工作对旅游从业者岗位胜任力的要求，依托功能协同的校企实践和实验平台，培养学生的沟通能力、实践能力、创新能力、管理能力等，为高素质创新人才培养构建"四合一"旅游专业实践能力培养体系。

（1）基础实训教学平台。依托旅游国家级、省级实训教学示范中心平台，协同旅游课程教学，将原来依附于各学科的实训内容整合为实训课程模块。以旅游管理专业为例，将户外休憩与环境讲解、旅游企业服务与餐饮交通、旅游策划与设计、旅游目的地开发与管理、旅游市场营销和项目运营管理等模块，由实操性实训向设计性实训、综合性实训、创新性实训拓展。

（2）行业技能教学平台。搭建现代化行业技能训练平台，整合、完善行业技能训练内容结构体系，由基本技能、专项技能、综合技能培训递进，由基本技能向有生命周期的项目策划、设计、实施、运营、管理和公共服务递进，并向数字化、信息化、大数据和智能化方向发展。

（3）创新创业教学平台。依托旅游+学科优势，为拔尖旅游人才建立学科交叉科研培养基地；通过2+1的学制设计长期进行科研训练及大学生创新创业实验计划，提升学生科研能力。

（4）实践思维教学平台。主要通过全程导师"一对一"指导，全程技能培训、全程自主学习，实地考察调研、专题讨论、案例分析等途径，强化对学生思维能力的培养。

以上四个平台设计，以"四合一"形式，相互协同、相互补充、相互关联，贯通了旅游教育全过程，为卓越旅游人才实践能力和创新能力培养提供了有力支撑。

10.3 教学模式创新，激发育人的持续动力

相对于讲授式教学，学生更欢迎活动性操作和体验式具身学习，实训、实习、实践等教学活动能够打开学生的视野，丰富学生的学习体验，提升学生的综合实践能力。为此，学校要重视体验教学，多采用项目化教学、案例教学等教学方法，基于真实情境创设教学问题，提升学生学习效果。实施项目教学、案例分析、线上线下混合教学、虚拟现实

教学等整合课程模式、模块化整合模式等。采用团队学习、PBL小组讨论、模拟实训、自主学习的教学方法进行个性化、制度化的设计与尝试。

10.3.1 树立具身认知的学习目标

重新树立具身认知高阶学习目标，提升学习过程中分析、评价、创造等具身认知作用，有助于加强对知识的深度理解和创造性运用以及习得必要的学习策略；有助于帮助学习者形成问题意识，不断反思问题和提炼已有的经验，有针对性地提出解决问题的策略；有助于引导学生敢于不断去尝试、去实践、去创新，以形成学习意义生成过程和具身认知的学习快感。

布鲁姆将学习目标分为知识、理解、应用、分析、综合、评价，安德森在此基础上重新修订归纳为记忆、理解、应用、分析、评价、创造[1]。其中分析、评价、创造被称为高层次目标，也是高阶思维的重要构成。教学设计中教师习惯对目标按照知识、能力、素养即学习者横向发展方向进行设定，而高阶认知目标的细化与设定有助于对学习目标和教学行为重新赋予价值，完善深度学习在接受式、参与式、迁移式的不同学习阶段与过程的纵深运用。在记忆为主的接受式学习阶段，深度学习能够加速知识的记忆与累积，关注其广度、深度和关联度；在以理解、应用为主的参与式学习阶段，深度学习可以有效将零散的知识关联形成点、线、面的结构化知识体系，在思考、质疑、争论中实现解构，并重构既有知识经验；在以分析、评价、创造为主的迁移式学习阶段，深度学习能够帮助学习者将其应用于新的情境中，形成新的认知能力和非认知能力，从而促进高阶认知能力的发展。

10.3.2 重构大概念导向的学习内容

20世纪90年代大概念教育提出教学最终要促使学生形成强关联迁移能力和结构化专家思维，也就是说，当问题发生变化或者预见未知情

---

① 陈静静. 学习共同体：走向深度学习［M］. 上海：华东师范大学出版社，2020：5-7.

境时，可以活学活用。职业教育项目课程学习内容零散化地处理，容易强调"会遗忘的专家结论"的记忆，忽视"可迁移的专家思维"的培养，其结果是学习者难以深度理解知识的类型、关联和内核，从而形成"为了理解而学"。

重构大概念学习内容，是将每一个大单元载体体系化，形成相互联系的"理论、实务、实验、实训"四维结构，并将教学内容由浅入深、层层递进形成序化。自然嵌入真实性工作任务以及与经验相联的工作情境，及时推送辅助工作案例的学习脚手架，强化职教课程对实际问题的深度理解，帮助学生提炼学习内容的抽象概念，形成可迁移的专家思维。对学习内容进行大概念设计时：第一，建立思维导图，双向提取大概念。自上而下的提取路径有课程标准、学科核心素养、专家思维、概念派生，自下而上的有生活价值、知能目标、学习难点、评价标准等。第二，分清知识属性，明确设计前提。从知识类型维度看，职业教育知识分为程序性知识、陈述性知识、条件性知识、策略性知识、缄默性知识。在设计大概念学习内容时需要围绕知识特点以及学习者认知规律系统设计，什么是事实性层面必须知道的，什么是概念性层面必须理解的以及在策略上、技能上能够做什么。第三，有效整合知识资源，提供可迁移案例支持。将分散的、孤立的事实性知识和复杂的、有组织形式的概念性知识相结合，这有助于个体将所学习的知识迁移到新情境中。引入支撑大概念的具体工作案例，越丰富多样，越贴近学生知识经验，它的可迁移性就越强，不然大概念很难被充分理解。

10.3.3 搭建复杂情境的学习任务

真实工作情境是复杂的、动态的和多维的，合理设计有利于学习者形成问题意识。实践过程中，第一，建立复杂问题的学习框架和项目。教师从岗位职业能力和典型工作任务着手，分解课程任务，遵循从"学科内学习—跨学科探索—真实问题解决"这一递进路径，设置对应不同高阶目标的"基本性任务、挑战性任务、创造性任务"，建构"任务—模块—项目"循序渐进的学习框架。其中，每一个高阶任务都是基于前一个任务的基础，不脱离本身框架，其实也就是完成对前一内容的巩固和升华。这样基于复杂问题情境的学习设计可以不断逼近真实世界。第二，重构工作情境，还原工作流程和工作场景。教师以完整工作系统为脉络重组学习空间，将智慧教室、实训教室、虚拟空间与工作情境串联，学习者运用多学科知识，跨领域沟通、团队协作完成真实工作任务，无形中培养与同伴交流和交互探索的合作力、对真实生产系统的把控力、多学科专业技能的融合力以及创新思维和自主意识。

10.3.4 营造虚实融合的学习空间

空间营造、转移与重置为深度学习的发生提供各种机会与可能。学习者从学习空间切换到生活、工作空间，从模拟空间、虚拟空间切换到生产实境的真实空间，从人与物的空间、人与人的空间切换到自我空间。教师要关注学习空间的切换以及空间转域下的各类学习事件。第一，尽可能完形课程所需要的空间类型，把空间设计纳入教学设计之中。以列斐伏尔的三元辩证空间观为参考，学习空间可拓展为物理空间、虚拟空间、社会空间、自我空间四种教与学环境。具体来说，物理空间包含智慧教室、模拟实训室、工厂实训中心等；虚拟空间包括 VR 虚拟仿真、在线云课堂、直播教学、信息化教学支持等资源空间；社会空间包括同伴学习、师生互动、师傅带徒等交互空间；自我空间包括学习投入、学习参与、学习动机、学习元认知调节等。第二，尽可能收集空间场景下学习事件发生的学习背景、学习结果和行为数据。空间环境既是静态真实的客观存在，也是动态要素交互与事件发生的自然构成。新时代教师要重视数字化背景下对不同学习空间系统化、多样化的设计以及与深度学习进行整合。教师除关注物理空间发生的认知性学习事件及其背景外，要更加重视虚实空间的衔接、交互与融合；将教学策略、学习者认知水平、学习行为等促进深度学习的要素融入、贯穿异质空间，合理应用、迭代实验并做调整。对发生在非认知能力层面的同伴关系、师生关系、交互互动等社会空间以及影响学习投入、学习参与、学习动机、学习元认知等自我空间加大重视与反思，帮助学习者搭建自由伸缩延展、动态演变、情境化的学习空间，形成多层次交互的连续性和自身生态的优化发展，支撑和承载更加丰富的学习体验。

10.3.5 创设逆向设计的学习活动

浅层学习或者虚假学习多是正向设计学习，其路径是学习者按照教师讲授顺序和方法重复记忆，变式练习和巩固迁移。然而事实上，学习者被动跟着做，没有实质参与问题解决。其最终结果是，对问题和知识之间的关系比较模糊，难以迁移和创新解决。而逆向学习设计，不以经验教学或者教学参考书来完成教学常规动作，而是充分了解学习者学情，从细致的课堂观察和教学质量的深入分析，逆向强调以学习者为中心、师生共商的活动设计思路，将"识记-重组-迁移-创新"贯穿在课前导学、课中研学、课后练学的各个学习活动过程中。

课前导学，师生共商核心学习目标，确定探究主题，确保学生有想法、有疑问、有探索的动机与兴趣。之后教师建立大概念评价标准，提出可理解、感兴趣的学习情境和学习体验。学生自主和协同学习，识别情境，尝试分析解释原因，提出解决问题方法。教师收集反馈，观察倾听，理解学生需求，于困难处建立诸如资料、方法的脚手架。

课中研学，师生共商基于大概念的核心问题情境，营造学习环境，设计学习体验，准备学习资料。学生自行思考、协同互助，力争将基础性知识转化为解决问题的资料。课堂上学生交流和汇报解决问题的方案，完成任务实操和程序实操，尝试建立概念化模型，形成学习方法的自我反思。教师从旁记录和串联学生观点以及实践结果，提炼核心概念，引导其概念化和反思过程。

课后练学，学生对学习成果进行巩固，在新的知识经验和现实生活中加以理解、消化和吸收，并完成对自身学习意义和自我学习策略的元认知探索。

10.3.6 追踪持续发展的学习评价

深度学习虚实融合的学习评价，以学习者的综合能力和可持续发展作为评价衡量方向，优化过程评价和课堂观察，突出增值评价。第一，学习评价注重发展性与过程性。学习评价以常态性评价、阶段性评价、总结性评价为主要形式，着眼于发展性评价，将评价功能由选拔甄别变为促进发展，强调评价促进学生全面发展尤其是价值观的形成。评价目的由目标鉴定变为关注过程，深化深度学习三阶"认知-人际-内省"的提升变化及其价值。第二，学习评价注重数据采集的全面性与指征选取的代表性。采集的学习评价来源于学生的实时包括延时学习行为、教师教学行为、组织管理行为等。将深度学习所考察的认知、人际、内省领域纳入评价体系，分别从学习动机、学习投入和学习结果进行指标收集和选取。在学习投入指标上增设认知投入、情感投入；在学习结果指标上增设迁移能力、思维层次、人际交往、品格完善等。

10.4　支持平台建设，创设育人的外部环境

通过院校教育和顶岗实习培训、社会实践、实训等实施连续、递进式的人才培养平台构建，着力培养具有较强技术实践和应用思维的旅游卓越人才。旅游卓越人才培养平台建设使得学生的职业素质、实践能力、创新能力以及岗位胜任力等之间互相促进、互相提升，最终实现卓越旅游人才培养的目标。

10.4.1　职业素养的支持平台

研究坚持"两个全程"：一是将"徐霞客精神"全程融入旅游职业精神教育的全过程；二是将人文教育和第二课堂系列活动（隐性教育）全程融入职业精神教育全过程，逐步内化学生的基本职业素养的形成。教育形式和途径，如以课堂教学、实践实训过程的言传身教和榜样作用以及旅游道德教育活动等来不断内化学生的品格和素养，同时开展多种多样的思政教育、社会实践、旅游职业教育和各类文艺活动四个板块来提升学生的综合素质和职业素养，使其建立完整正确的职业道德，为使其成为旅德高尚、技术卓越的徐霞客式的旅游人才奠定基础。

10.4.2　社会实践的支持平台

紧紧围绕卓越旅游人才的培养目标，利用基础实训教学平台、行业技能教学平台、跨学科跨院系的创新实践教学平台、实践思维教学平台的建设，不断丰富各种内容设计，细化功能定位，尤其在实训能力、实践能力和创新能力转化阶段，针对校、部、院在培养目标、体制机制、优势资源等方面缺乏有效协同问题，建立目标一致、办学开放、合力联动机制，统筹调动优势资源集中于卓越旅游人才培养大系统，协同开展大量实践教学工作。进一步开放动态协调机制、合作联动机制，整合各种优势资源，以合力推进能力建设，共同做好相关的旅游实践教学，提高培训质量。促进上述平台间相互协同、补充和关联，使学生的实践能力和创新能力不断提高，为建立卓越旅游人才培养体系提供有力支撑。

10.4.3　创新思维的支持平台

培养有创新思维的旅游人才是新时代人的全面发展与经济社会发展的需求。第一，整合多方资源，优化大赛机制。创新教育改革依赖多方资源的整合和协同，如教育部门的行政资源、产业园的研发资源、经济需求的市场资源等，因此要统筹各方资源，为创新教育的团队提供创业指导、孵化落地等服务，推动形成政府、企业、社会、学校联动共推的机制，确保各项工作落到实处。第二，坚持产学研培养，红专创融合。对于培养单位来说，一是夯实学校基础优势，长期积淀双创教改成果，久久为功，形成压倒性实力优势和品牌效应；二是深耕教育教学试验田，遵循规律把产学研、红专创融入课程体系、教学方案、社会实践等关键育人过程，落小、落细、落实，推动创新创业教育改革向纵深发展；三是健全双创改革的管理机制、激励机制、驱动机制和保障机制，为创新创业教育改革和人才培养清障搭台。第三，选拔专注于创新教育的教师队伍，配套保障给予支持。经实证分析发现，师生深度共创成为创新创业教育改革成功的关键要素，持续有效建设师生实践学习共同体终将成为高职院校育人机制的重要组成部分。一是充实创新创业师资队伍，选拔教有余力、有创新精神的骨干教师，组建教师团队；二是完善一对一导师制度，学生入校即配备导师，通过师生工作坊、学校师生项目、教师横向项目等载体，激发学生兴趣和自主选择，形成校内活动-校外实践-大赛选拔-市场胜任的层级式培养机制；三是给予教师工作量以及配套经费，开展专门的师资培训，提升教师创新创业教育的意识和能力。

10.5 管理机制完善，保障育人的关键制度

为实现卓越旅游人才培养目标，融入"全面质量管理"理念，贯穿于教学管理全过程，由里到外，从教学质量到质量监控与评估体系，实施对教学质量的全员、全过程、全要素、全方位的控制与管理，建立起一个综合而科学有效的控制体系，为卓越旅游人才培养服务。

10.5.1 推进卓越教学改革

第一，不断推进协同创新，建立理论和实践相结合的创新机制。首先要在纯实训教学中加入理论学习的相应内容，不断突出学生的实际操作，培养学生的实践素质，在教、学和做之间将知识和技能传输给学生。同时在课间见习中，利用学生实际观摩各种旅游实践活动的机会，以见习案例、见习感想等内容和形式向学生进行讲授，给学生留下最直接的印象，并培养学生自我学习的能力，为未来的实际工作打下基础。其次要突出动手实践能力的培养，全程保证实践教学学时，通过课间实习、模拟化教学、毕业实习等环节来确保学生能不断获得动手的机会，提前培养动手能力，使其进入行业后更加适应实践工作。

第二，将理论教学融入多元化教学模式之中，建立多学科、大学科群和交叉学科之间的项目讨论模式，比如创新创业教育比赛项目中所涉及的项目策划设计、项目运营管理、项目交通服务、项目环境讲解、项目旅游产品的设计制作等项目将基础、思维和实践相结合，常年坚持在实习中开展PBL教学、案例教学和大型案例讨论，培养学生的自我学习能力和团队协作能力。

第三，通过开展课程整合框架下的PBL教学模式，淡化了旅游基础和旅游实践的界限，强化了学科之间的联系，缩减了课程学时，增加了学生自主学习空间。另外，通过推进行业教学、小组讨论、网络学习等教学模式和方法，使学生转变学习态度，将要我学转变成为我要学，切实使学生学会自我学习。教学中也还采用启发式、体验式、探究式、虚拟仿真教学、多学科参与的综合案例讨论等多元化教学方法，加强教学互动，来培养学生分析问题、解决问题、自主学习和终身学习的能力。

10.5.2　建立全程质量监控

"三维结构"是时间、空间和方法三个维度，空间维度也是层次维度。第一个维度指时间，学生在校期间的整体质量监控措施，贯穿学生从入学到毕业离校的全过程，并且不同阶段应用不同的质量体系，利用螺旋上升的理论来保证学生的培养质量。第二个维度是空间，也就是层次。按学生在学校中接触到的管理层级的不同，分为学校、院系和教研室三个层次，对这三个层次的教学进行评价，以此来反映整体的教学效果。学校层面主要是进行宏观管理，确保各项质量控制体系能够落实，院系负责具体的质量控制指标的确定，并组织实施，包括对培养方案的执行情况、教学开展情况、教师的责任心态度情况、学生的学习情况等进行监控。教研室作为质量控制的最后一级，是质量控制成败的关键所在，教师的具体管理和指导全部由教研室来负责。三个层次的相互协调和层层负责，确保了教学的质量。第三个维度是方法，即对学生进行评价，采用的评价方法是多元考核。不同阶段选取不同的方法，原则是定性方法和定量方法相结合，全面采用理论考试和技能考试的方法来检测学员的成绩。在课堂教学效果上，也是采取双向评估的方法来进行。通过上述三维质量监控体系的建设，全力开展多阶段的教学评估方法，实现教考分析，推行OBE考试模式，这是深化教改和加强质量监控的重要举措。"三维结构"全程质量监控体系如图10-6所示。

方法维

应用多种评价方法进行教学评价和质量信息反馈

入学　从学生入校到毕业在不同时间阶段的质量控制　毕业　时间维

层次维

校、院、教研室从不同层次上参与评价和质量控制

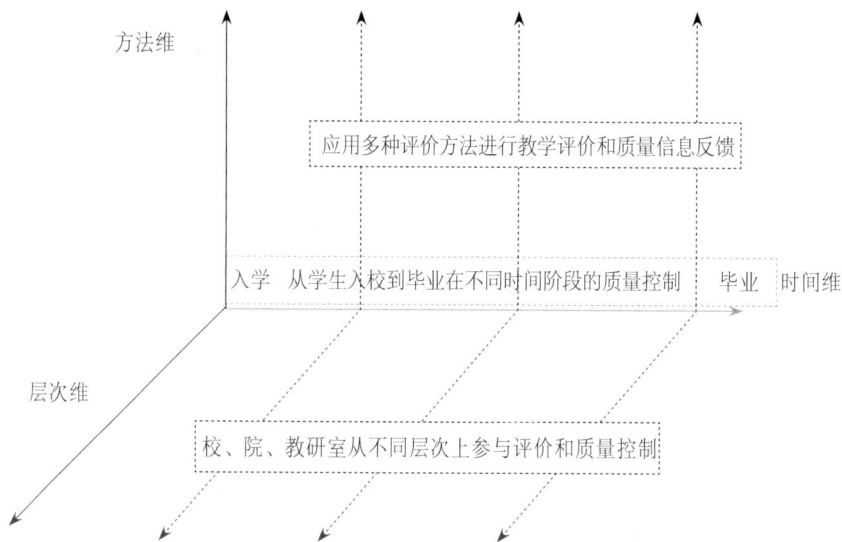

图 10-6　"三维结构"全程质量监控体系

10.5.3　形成育人管理创新

　　坚持以学生为中心，推行学生自主择课制度，引入竞争机制，促进教学有序竞争，提升教学活力。由管理部门统筹规划教学内容，确保所有授课的学员步调一致，并且推行小班制，取消原有的班级选课模式，学生可以根据自己的兴趣爱好和自己喜欢的老师来选择课程，并且将学生的成绩纳入到学院的绩效体系中，占一定的比例，以此来激励学院和教师积极授课，确保教学质量。

　　提出培养"具有现代意识、国际视野和创新能力的徐霞客式的旅游应用型卓越人才"的培养目标；构建了博雅通识课程、旅游专业课程、职业素养课程、隐性教育课程、综合实践课程"五大课程模块"的课程体系，以及多元化教学模式、各级各类建设平台的构建是人才培养体系的关键；提出了教学改革、质量监控和育人管理机制改革的相关措施，为改革提供强有力的支撑和保障。深入研究旅游卓越人才培养模式构建与改革的路径，形成系列较为可行和具有借鉴意义的改革思路和方案，在一定程度上实现了旅游应用型卓越人才培养模式的创新与突破。

10.6 未来发展展望

全人教育视野下高职旅游应用型卓越人才胜任力及其培养路径研究，是人工智能技术、技能社会发展、人的全面发展这些社会背景下的产物，虽然只是沧海一粟，但也足可见人才培养存在于我们的周遭之中，如影随形，教育研究者和教育工作者对其问题的独立审视和深度审思不可或缺。独具慧眼，发现新问题，找出解决问题的新办法刻不容缓。

社会的急剧变化使人们很难判断未来旅游应用型卓越人才到底需要什么样的知识，或者说哪些是一成不变的。但是研究发现学校必须从关注信息和知识的传递，转变到关注教会学生学会学习、学会思维和健全完美人格的必要性。学生将来要面临的是一个鲜活多变的世界，这需要他们掌握足以能够控制自己的生活和学习的思维技能，并最大可能地培养批判性思维、创新思维，让自己拥抱新知，丰富生命，成就自我。没有一个卓越人才是在狭隘的自我认知和环境认知中取得里程碑式的胜利，这也就意味着学校之于胜任力培养最终或者始终都应该站在整全人发展以及与大环境相适应的制衡点上合理设置和动态调节。

人才胜任力的培养与发展是长期性、规律性、动态性的浩大工程，正因为不是一蹴而就的，所以需要教育研究者和教育工作者有足够多的耐心、足够强的韧性、足够深的情怀去长期蹲点、沉浸观察、反复实验、不怕改革。

全人作伴，静待花开。

参考文献

[1] 陈向明．质的研究方法与社科科学研究［M］．北京：教育科学出版社，2000．

[2] 方展画，．刘辉，傅雪凌著．知识与技能：中国职业教育60年［M］．杭州：浙江大学出版社，2009．

[3] 徐国庆．职业教育课程论［M］．上海：华东师范大学出版社，2015．

[4] 卡麦滋．建构扎根理论：质性研究实践指南［M］．边国英，译．北京：重庆大学出版社，2009．

[5] 怀特海．教育的目的［M］．张佳楠，译．北京：教育科学出版社，2020．

[6] 杜威．民主主义与教育［M］．王承绪，译．北京：人民教育出版社，1990．

[7] 麦克．未来的课程［M］．谢维和，王晓阳，等译．上海：华东师范大学出版社，2003．

[8] 富兰．变革的力量：深度变革［M］．中央教育科学研究所，加拿大多伦多国际学院，译．北京：教育科学出版社，2004．

[9] 罗英姿，张佳乐．我国毕业博士职业选择与发展影响因素的实证研究：以涉农学科为例［J］．高等教育研究，2018，39（11）．

[10] 李阳，张文宏．从自驱力到胜任力：非认知能力对新业态灵活就业人员作用机制研究［J］．学习与探索，2023（2）．

[11] 谢莉花，吴扬．基于专长理论的高技能人才职业能力理论模型探析［J］．高等工程教育研究，2022（3）．

［12］ 彭娟，祝丽杰．论基于岗位需求的高职院校职业化人才培养模式构建［J］．
江苏师范大学学报（教育科学版），2013，4（S4）．

［13］ 谢莉花，余小娟．我国职业能力标准体系的系统化发展思考［J］．职教论
坛，2022，38（2）．

［14］ 潘柏，刘钦花，金丹，等．应用型本科高校大学生职业胜任力提升策略研
究：基于江苏省中小企业雇主满意度的实证调查［J］．江苏高教，
2022（4）．

［15］ 唐伶．应用型高校学生职业胜任力培养的实证研究［J］．职教论坛，
2017（5）．

［16］ 谢莉花，吴扬．由职业能力到职业课程的转化问题及对策研究：来自德国
经验的启示［J］．教育发展研究，2022，42（1）．

［17］ 邓肖丽，谭永平，郑世珍．职业本科学生职业素质培养的逻辑起点、内涵
及策略［J］．教育与职业，2021（20）．

［18］ 李鹏．职业胜任力导向的人力资源管理应用型人才培养机制分析——基于
问卷调查和文本分析的方法［J］．中国成人教育，2014（7）．

［19］ 赵志群，高帆．职业院校学生职业能力发展现状及其影响因素：五类制造
业专业基于COMET测评数据的分析［J］．中国电化教育，2022（6）．

［20］ 张宏，孙宏兴，徐涛，等．高职院校学生工匠精神培育效果影响因素研究
［J］．中国职业技术教育，2018（9）．

［21］ 刘军，周华珍．基于扎根理论的技能人才工匠特征构念开发研究［J］．中
国人力资源开发，2018，35（11）．

［22］ 胡林荣，邢鹏．培养应用型人才助力地方社会经济高质量发展［J］．中国
高等教育，2022（5）．

［23］ 王继元．行业学院：应用型人才培养的时代要求［J］．江苏高教，2019（3）．

［24］ 罗静，侯长林，蒋炎益．应用型和技术技能型人才的区别［J］．高教发展
与评估，2022，38（5）．

［25］ 申怡，夏建国．应用型人才的特点及其培养体系构建［J］．中国高等教育，
2019（8）．

［26］ 王蔷馨，刘蕾，刘正涛．应用型人才核心能力发展新视野［J］．江苏高教，
2023（3）．

［27］ 刘献君．应用型人才培养的观念与路径［J］．中国高教研究，2018（10）．

［28］ 祁占勇，任雪园．扎根理论视域下工匠核心素养的理论模型与实践逻辑
［J］．教育研究，2018，39（3）．

［29］ 李金梅．基于学生高阶思维能力培养的跨学科课程整合设计［J］．教育理
论与实践，2021，41（20）．

[30] 段茂君，郑鸿颖．基于深度学习的高阶思维培养模型研究［J］．现代教育技术，2021，31（3）．

[31] 赵雪梅，钟绍春．具身认知视域下促进高阶思维发展的多模态交互机制研究［J］．电化教育研究，2021，42（8）．

[32] RUDOLPH C W, LAVIGNE K N, ZACHER H. Career adaptability: A meta-analysis of relationships with measures of adaptivity, adapting, responses, and adaptation results ［J］. Journal of Vocational Behavior, 2017, 98.

[33] NACHMIAS S, WALMSLEY A, ORPHANIDOU Y. Students' perception towards hospitality education: An anglocypriot critical study ［J］. Journal of Hospitality Leisure Sport & Tourism Education, 2017, 20.

[34] ERSOY A, EHTIYAR R. Determination of managerial resourcefulness in the Turkish hospitality industry: A grounded theory study ［J］. Journal of Hospitality and Tourism Technology, 2021.

[35] BUSULWA R, PICKERING M, MAO I. Digital transformation and hospitality management competencies: Toward an integrative framework ［J］. International Journal of Hospitality Management, 2022, 102.

[36] OKOLIE U C. Work placement learning and students' readiness for school-to - work transition: Do perceived employability and faculty supervisor support matter? ［J］. Journal of Vocational Behavior, 2022, 139.

附 录

附录1 新时代旅游应用型卓越人才胜任力访谈提纲（访问对象使用）

基本信息

1. 性别：□男　　　　　□女
2. 年龄：□30岁以下　□30—39岁　□40—49岁　□50—59岁
　　　　　□60岁以上
3. 职业技术等级或者部门职位：
4. 本行业就业年限：□5年以下　　□6—10年　　□10年以上

访谈提纲

1. 请谈一谈对您所在岗位胜任力的认识，它需要具备哪些知识、能力或者素质，或者目前您所在的岗位胜任力的状况如何，您觉得有什么缺失或者优秀岗位胜任力、一般合格的岗位胜任力是什么样的。

2.请谈一谈您觉得通过什么路径能达到您所在岗位胜任力要求，或者您觉得提升自己胜任力方面遇到哪些困难或障碍，您是如何解决的。

3.请谈一谈您觉得旅游行业企业以及相应培养院校在提升岗位胜任力方面需要做哪些工作，已经完成的提升工作中哪些是有效。

附录2　新时代旅游应用型卓越人才胜任力专家征询表（第一轮）

尊敬的专家：

您好！很荣幸能邀请您作为本课题研究的咨询专家。本课题来自江苏省高校哲学基地新时代旅游应用型旅游人才胜任力研究。您丰富的经验和厚重的专业底蕴对本课题的顺利开展至关重要！感谢您在百忙之中对本课题的支持与指导！

本课题旨在建构新时代旅游应用型卓越人才胜任力评价指标，使其成为适合评价我国新时代旅游应用型卓越人才胜任力的测量量表。请您仔细阅读量表中的每个题项，判断每个指标的重要性，并在相应的等级选框内（"非常不重要""不重要""一般""重要""非常重要"）打"√"。如果您认为题项内容需要修改或重新归类，请在修改意见一栏中给出意见（也可以在各题项上修改）。

祝您工作顺利，生活愉快！

——新时代旅游应用型卓越人才胜任力项目组

一、专家基本信息

1	姓名	_____
2	年龄	_____
3	研究专长	_____
4	专业职称	_____
5	工作单位	_____

根据您的实际情况，判断对研究课题的熟悉程度并在相应的分值上打"√"。

内容分类	熟悉程度				
	熟悉	较熟悉	一般	不太熟悉	不了解
新时代旅游应用型卓越人才胜任力评价	1	2	3	4	5

以下四方面可能影响您对该问题的判断，每个方面对您判断的影响分为大、中、小三个程度，请您根据自身情况在相应的分值上打"√"。

判断依据	专家自我评价依据程度		
	大	中	小
理论分析	1	2	3
实践经验	1	2	3
参考国内外有关资料	1	2	3
个人直觉	1	2	3

二、请您对量表的一级指标重要性进行打分，请在选项分值上打"√"。（1=非常不重要、2=不重要、3=一般、4=重要、5=非常重要），如对题项有修改建议，请填写在修改建议栏中。

序号	一级指标	非常不重要	不重要	一般	重要	非常重要	修改建议栏
1	职业道德与精神	1	2	3	4	5	
2	专业知识与技能	1	2	3	4	5	
3	社会情感与交往	1	2	3	4	5	
4	数字智慧与技术	1	2	3	4	5	
5	创造思维与学习	1	2	3	4	5	
6	个人特质	1	2	3	4	5	

◆ 总体上，您对一级指标有何修改建议？有无建议增加或移动的题项？（请填入下方横线上）

_____

三、请您对量表的二级指标重要性进行打分，请在选项分值上打"√"。（1=非常不重要、2=不重要、3=一般、4=重要、5=非常重要），如对题项有修改建议，请填写在修改建议栏中。

一级指标	序号	二级指标	非常不重要	不重要	一般	重要	非常重要	修改建议栏
职业道德与精神	1	诚实守信	1	2	3	4	5	
	2	崇高理想	1	2	3	4	5	
	3	敬业精神	1	2	3	4	5	
	4	踏实肯干	1	2	3	4	5	
	5	精益求精	1	2	3	4	5	
	6	持之以恒	1	2	3	4	5	
	7	服务意识	1	2	3	4	5	
	8	工作热情	1	2	3	4	5	
专业知识与技能	9	商务知识	1	2	3	4	5	
	10	管理知识	1	2	3	4	5	
	11	人文知识	1	2	3	4	5	
	12	法律政策	1	2	3	4	5	
	13	实务操作	1	2	3	4	5	
	14	策划设计	1	2	3	4	5	
	15	语言表达	1	2	3	4	5	
社会情感与交往	16	人际沟通	1	2	3	4	5	
	17	团队合作	1	2	3	4	5	
	18	应急处突	1	2	3	4	5	
	19	组织协调	1	2	3	4	5	
	20	随机应变	1	2	3	4	5	
数字智慧与技术	21	业务操作系统	1	2	3	4	5	
	22	信息检索	1	2	3	4	5	
	23	办公软件	1	2	3	4	5	
	24	直播与新媒体运用	1	2	3	4	5	
	25	数据分析	1	2	3	4	5	

续表

一级指标	序号	二级指标	非常不重要	不重要	一般	重要	非常重要	修改建议栏
创造思维与学习	26	创造性思维	1	2	3	4	5	
	27	终身学习	1	2	3	4	5	
	28	努力钻研	1	2	3	4	5	
	29	反省审思	1	2	3	4	5	
	30	包容开放	1	2	3	4	5	
	31	灵活应变	1	2	3	4	5	
个人特质	32	心理抗压	1	2	3	4	5	
	33	积极乐观	1	2	3	4	5	
	34	勇于挑战	1	2	3	4	5	
	35	自信进取	1	2	3	4	5	
	36	常怀感恩	1	2	3	4	5	

◆ 总体上，您对二级指标有何修改建议？有无建议增加或移动的题项？（请填入下方横线上）

再次感谢您的帮助和支持，祝您生活工作愉快！

附录3 新时代旅游应用型卓越人才胜任力专家 征询表（第二轮）

尊敬的专家：

您好！很荣幸能邀请您作为本课题研究的咨询专家。本课题来自江苏省高校哲学基地新时代旅游应用型旅游人才胜任力研究。您丰富的经验和厚重的专业底蕴对本课题的顺利开展至关重要！感谢您在百忙之中对本课题的支持与指导！

——新时代旅游应用型卓越人才胜任力项目组

评分说明：本表采取1~9打分模式，1分表示此项优势（或重要性）最差，9分则最强

专家名	x	工作单位	x

旅游应用型人才胜任力模型

职业道德与精神：诚实守信、崇高理想、敬业精神、踏实肯干、精益求精、持之以恒、服务意识、工作热情

专业知识与技能：商务知识、管理知识、人文知识、法律政策、实务操作、策划设计、语言表达

数字智慧与技术：业务操作系统、信息检索、数据处理分析、直播与新媒体运用、办公软件

社会情感与交往：人际沟通、团队合作、情绪调节、组织协调、反省审思

创造思维与学习：创造性思维、终身学习、努力专研、灵活应变、包容开放、问题解决

个人特质：身心抗压、积极乐观、勇于挑战、自信进取、常怀感恩

旅游应用型人才胜任力模型

	1分	2分	3分	4分	5分	6分	7分	8分	9分	其他分
职业道德与精神	☐	☐	☐	☐	☐	☐	☐	☐	☐	
专业知识与技能	☐	☐	☐	☐	☐	☐	☐	☐	☐	
数字智慧与技术	☐	☐	☐	☐	☐	☐	☐	☐	☐	

续表

	1分	2分	3分	4分	5分	6分	7分	8分	9分	其他分
社会情感与交往	☐	☐	☐	☐	☐	☐	☐	☐	☐	
创造思维与学习	☐	☐	☐	☐	☐	☐	☐	☐	☐	
个人特质	☐	☐	☐	☐	☐	☐	☐	☐	☐	

旅游应用型人才胜任力模型——职业道德与精神

	1分	2分	3分	4分	5分	6分	7分	8分	9分	其他分
诚实守信	☐	☐	☐	☐	☐	☐	☐	☐	☐	
崇高理想	☐	☐	☐	☐	☐	☐	☐	☐	☐	
敬业精神	☐	☐	☐	☐	☐	☐	☐	☐	☐	
踏实肯干	☐	☐	☐	☐	☐	☐	☐	☐	☐	
精益求精	☐	☐	☐	☐	☐	☐	☐	☐	☐	
持之以恒	☐	☐	☐	☐	☐	☐	☐	☐	☐	
服务意识	☐	☐	☐	☐	☐	☐	☐	☐	☐	
工作热情	☐	☐	☐	☐	☐	☐	☐	☐	☐	

旅游应用型人才胜任力模型——专业知识与技能

	1分	2分	3分	4分	5分	6分	7分	8分	9分	其他分
商务知识	☐	☐	☐	☐	☐	☐	☐	☐	☐	
管理知识	☐	☐	☐	☐	☐	☐	☐	☐	☐	
人文知识	☐	☐	☐	☐	☐	☐	☐	☐	☐	
法律政策	☐	☐	☐	☐	☐	☐	☐	☐	☐	
实务操作	☐	☐	☐	☐	☐	☐	☐	☐	☐	
策划设计	☐	☐	☐	☐	☐	☐	☐	☐	☐	
语言表达	☐	☐	☐	☐	☐	☐	☐	☐	☐	

续表

旅游应用型人才胜任力模型——数字智慧与技术

	1分	2分	3分	4分	5分	6分	7分	8分	9分	其他分
业务操作系统	□	□	□	□	□	□	□	□	□	
信息检索	□	□	□	□	□	□	□	□	□	
数据处理分析	□	□	□	□	□	□	□	□	□	
直播与新媒体运用	□	□	□	□	□	□	□	□	□	
办公软件	□	□	□	□	□	□	□	□	□	

旅游应用型人才胜任力模型——社会情感与交往

	1分	2分	3分	4分	5分	6分	7分	8分	9分	其他分
人际沟通	□	□	□	□	□	□	□	□	□	
团队合作	□	□	□	□	□	□	□	□	□	
情绪调节	□	□	□	□	□	□	□	□	□	
组织协调	□	□	□	□	□	□	□	□	□	
反省审思	□	□	□	□	□	□	□	□	□	

旅游应用型人才胜任力模型——创造思维与学习

	1分	2分	3分	4分	5分	6分	7分	8分	9分	其他分
创造性思维	□	□	□	□	□	□	□	□	□	
终身学习	□	□	□	□	□	□	□	□	□	
努力钻研	□	□	□	□	□	□	□	□	□	
灵活应变	□	□	□	□	□	□	□	□	□	
包容开放	□	□	□	□	□	□	□	□	□	
问题解决	□	□	□	□	□	□	□	□	□	

续表

旅游应用型人才胜任力模型——个人特质

	1分	2分	3分	4分	5分	6分	7分	8分	9分	其他分
身心抗压	☐	☐	☐	☐	☐	☐	☐	☐	☐	
积极乐观	☐	☐	☐	☐	☐	☐	☐	☐	☐	
勇于挑战	☐	☐	☐	☐	☐	☐	☐	☐	☐	
自信进取	☐	☐	☐	☐	☐	☐	☐	☐	☐	
常怀感恩	☐	☐	☐	☐	☐	☐	☐	☐	☐	

Thank you

索引